इक्कीसवीं सदी के भारत में गाँधी-चिन्तन की प्रासंगिकता

इक्कीसवीं सदी के भारत में गाँधी-चिन्तन की प्रासंगिकता

(विश्वविद्यालय अनुदान आयोग द्वारा
वित्तपोषित राष्ट्रीय संगोष्ठी पर आधारित)

सम्पादक

डॉ. प्रत्यूष वत्सला

सुश्री प्रमिला

GenNext Publication

इक्कीसवीं सदी के भारत में गाँधी चिन्तन की प्रासंगिकता

"An Imprint of Kalpaz Publication"

ISBN: 978-93-5324-266-4

भारत सन् 2020 में प्रकाशित

जेन्नेकस्ट पब्लिकेशन

5, अंसारी रोड, दरियागंज,

नई दिल्ली-110002

Phone: 9811692060

ई-मेल: gennextpublication@hotmail.com

मुद्रित: जी. प्रिंट प्रोसेस, दिल्ली

भारत में सन् 2020 में प्रकाशित

अनुक्रमणिका

प्राक्कथन

गाँधी-चिन्तन, वह चिन्तन है जो सत्य के आग्रह और अहिंसा के पालन के माध्यम से समस्त मानव-विकारों के प्रशमन का उपक्रम करता है। यह चिन्तन मानव को संसार के, समाज के सभी पहलुओं का व्यूह-भेदन करते हुए आत्मिक विकास की ओर प्रेरित करता है। गाँधी का भाव, निर्मल प्रेम की वह अविरल धारा है जो पराई पीर को हरने के लिए विकल है। वह लोभ, लिप्सा, वासना से रहित, एक छल-कपट रहित मन की निष्पाप, निष्कलुष संवेदना है जो धर्म, जाति या रंगभेद न देखकर समरसता में विश्वास व्यक्त करती है।

गाँधी की विचारधारा स्वाभिमानी है और आत्मनिर्भरता का संदेश देती है। यह विकासशील सभ्यता, विज्ञान या तकनीक का विरोध नहीं करती वरन्, मशीनीकरण के खतरे को भाँप लेती है और अपनी माँ, मिट्टी और मातृभाषा से अलग नहीं होना चाहती।

23 वर्ष के युवा बैरिस्टर के रूप में गाँधी दक्षिण अफ्रीका पहुँचते हैं और वहाँ भारतीय समाज की सेवा का संकल्प लेते हैं किन्तु, अहिंसात्मक विद्रोह के लिए बाध्य होते हैं और न केवल दक्षिण अफ्रीका व भारत, अपितु समूचे विश्व में स्वतन्त्रता आन्दोलन का प्रतीक बन जाते हैं। अफ्रीका में ही उन्हें वह आत्मसाक्षात्कार होता है और सत्याग्रह के नवाचार से वे अंग्रेजी साम्राज्य की नींव हिलाने में भी सफल होते हैं। अस्पृश्यता हो या हिन्दू-मुस्लिम एकता, राष्ट्रभाषा

हो या कि श्रम का महत्त्व, चरखा, कुटीर उद्योग, गाँधी का जीवन सामाजिक, राजनीतिक सक्रियता के साथ आध्यात्मिक प्रगति करता है। विनम्रता के साथ जीवन को गहराई से समझने और जन-जीवन में आत्मनिर्भरता के लिए प्रेरित करते गाँधी, आर्थिक विकास और अर्थ व्यवस्था की ही चिन्ता नहीं करते अपितु, मानव-मात्र के विकास के लिए प्रत्यत्नशील दीख पड़ते हैं। उनके लिए जी.डी.पी. और जी.एन. पी. से अधिक महत्वपूर्ण हैं मानवीय मूल्य, जो सत्य हैं, शाश्वत हैं।

विश्व के सभी धर्मों के मूल एकत्व में उनकी परम आस्था है। सत्य और प्रेम ही उनके जीवन का लक्ष्य है और गाँधी ने इसी शाश्वत सत्य को ईश्वर के रूप में स्वीकार किया जो अपरिवर्तनशील है। सत्य तो एक ही है, विद्वज्जन उसकी अलग-अलग व्याख्याएं करते हैं। "एकं सद् विप्राः बहुधा वदन्ति"। प्रेम उसी सत्य का प्रस्फुटन है। इसीलिए, उनका विश्वास है कि जो अहिंसा प्रेम से उद्भूत है, सत्य को प्राप्त कर सकती है। अहिंसा उनके लिए एक सिद्धान्त नहीं एक भाव है, एक मनः स्थिति है। मानवीय आचरण है। वह स्वयं को एक व्यावहारिक आदर्शवादी कहते हैं और मानते हैं कि यह अहिंसा ही लोकतंत्र की सच्ची आधारशिला है जिसमें, लोकमंगल का भाव निहित है। उनकी स्वराज की संकल्पना सत्य और अहिंसा के बिना असंभव है।

गाँधी के लिए विभिन्न धर्म जहाँ एक ही वृक्ष की अनेक शाखाएँ हैं वहीं उनके चिन्तन में पूरब और पश्चिम जैसा कोई भेद भी नहीं है। उनके लिए पूरब और पश्चिम की सभ्यता में कोई अन्तर नहीं वरन् अन्तर है, आधुनिक सभ्यता का, जो भौतिकवादी है जिसकी चकाचौंध में मानवीय मूल्यों का ताना-बाना छिन्न-भिन्न हो सकता है। गाँधी चिन्तित हैं कि यदि यह सभ्यता भारत में आ जाएगी तो भारतीय भी यूरोप या अमेरिका के संस्करण बन जाएंगे। यह घोषणा कि हमें इस मशीनीकरण से बचना है गाँधी ने "हिन्द स्वराज" में बहुत पहले ही

कर दी थी। "हिन्द स्वराज" वस्तुतः पाञ्चजन्य का उद्घोष है, जहाँ सत्य और अहिंसा अनुनादित होते हैं। विश्वशान्ति के लिए बढ़ते खतरों को देखते हुए गाँधी स्वराज के परिप्रेक्ष्य में सत्य और अहिंसा का गुरुमत्र देते हैं। उनकी अहिंसा और शान्ति, कायरता या शमशान की शान्ति नहीं है यह सक्रिय है, सकारात्मकता की ऊर्जा से ओत-प्रोत है। यह अहिंसा, आत्मा की वह शक्ति है जो आत्मानुशासन की साधना से प्राप्त होती है। गाँधी कहते हैं कि यदि साधन और साध्य दोनों ही तपःपूत होंगे तो जीवन निश्चय ही सुख और शान्ति की ओर अग्रसर होगा। स्वराज उसी सुख-शान्ति की दिशा में पहला चरण है।

गाँधी की वैचारिकी में शिक्षा की अवधारणा भी विभिन्न विषयों के ज्ञान को दिमाग में भर देना नहीं है, अपितु, यह शिक्षा बुनियादी है, चरित्र-निर्माण की, मूल्यों की शिक्षा है। यह आत्म-निर्भर स्वाभिमानी शिक्षा है जो सरकार पर पूर्णरूपेण आश्रित नहीं होना चाहती। यह शिक्षा, मात्र एक बौद्धिक विकास और विलास नहीं है जो अहंकार की प्रतिष्ठा करे वरन् यह शिक्षा ऐसी है जिससे विनय बढ़ता है, विनय से योग्यता और योग्यता से धन, धन से धर्म (सदाचरण) और अन्ततोगत्वा सुख प्राप्ति होती है। यह भारत की मिट्टी में, संस्कारों में रची-बसी शिक्षा है जो सच्चे अर्थों में जीवन में उतरती है:

> विद्या ददाति विनयं विनयात् याति पात्रताम्
> पात्रत्वाद् धनमाप्नोति, धनाद् धर्मः ततः सुखम्

आज इक्कीसवीं सदी में जब भारत में बुनियादी शिक्षा बुद्धि, हृदय और हस्तकौशल को नई शिक्षा के अन्तर्गत लाने की बात हो रही है, ग्राम्य विकास के लिए गाँवों को ढूँढ़ना पड़ रहा है, हमारा लालच, हमारी आवश्यकता से कई गुना बढ़ गया है, यूरोप केन्द्रित मानक ही भारत के विकास और शिक्षा की नीतियों को निर्देशित कर रहे हैं, गाँधी और भी प्रासंगिक हो जाते हैं। युद्ध और आतंकवाद के बीच फंसी दुनिया जिससे अब प्रकृति भी कुपित रहने लगी है, एक

अन्तिम आशा के रूप में यम, नियम, अपरिग्रह और अहिंसा की ओर ही देख रही है। गाँधी का अनोखा चिन्तन लगभग 100 खण्डों में उपलब्ध है जिसमें आलेख, पत्र, भाषण आदि सम्मिलित हैं। वस्तुतः गाँधी-चिन्तन पर प्रत्येक चर्चा और शोध एक नए आयाम को उजागर करते हैं। एक नई समझ विकसित होती है। शान्ति हो या अहिंसा की शिक्षा या फिर सत्य का आग्रह, गाँधी-चिन्तन एक मूर्त्त रूप लेता है और जाना पहचाना सा लगता है। गाँधी साधारण होते हुए भी असाधारण हैं और उनका चिन्तन, एक गतिशील चिन्तन है जो प्रयोगधर्मी भी है। यही कारण है कि 150 वर्ष बाद भी गाँधी प्रासंगिक हैं और आगे भी रहेंगे।

हम आभारी हैं शिक्षा संस्कृत उत्थान न्यास और विश्वविद्यालय अनुदान आयोग के जिनके सक्रिय सहयोग से यह संगोष्ठी आयोजित हो सकी। संगोष्ठी में माननीय श्री अतुल कोठारीजी, प्रो. गिरीश्वर मिश्रजी, प्रोफेसर रजनीश शुक्लजी, श्री संजय पासवान जी सहित अनेक विद्वज्जनों का मार्गदर्शन मिला। साथ ही, युवा शोधार्थियों व विद्यार्थियों ने चर्चा मे सक्रिय सहभाग कर हमें आशान्वित किया। श्री राजेश्वरजी की कार्यक्रम के संयोजन में विशेष भूमिका रही।

प्रस्तुत पुस्तक में इक्कीसवी सदी में गाँधी चिन्तन की प्रासंगिकता से लेकर, हरिजन अखबार की संवाद शैली, आर्थिक चिन्तन, वैश्वीकरण के दौर में ग्राम रोजगार विकास, कार्टूनों में गाँधी, शिक्षा में भारतीयता और गाँधी, भाषा-विमर्श आदि विषयों पर आलेख संकलित है।

आशा है, यह प्रस्तुति समादृत होगी।

सादर,

प्रत्यूष वत्सला

प्रमिला

1

इक्कीसवीं सदी में महात्मा गाँधी की प्रासंगिकता

– प्रो. गिरीश्वर मिश्र

राष्ट्रपिता महात्मा गाँधी के विचार हर आम आदमी के लिए ऐसे दर्पण/कसौटी की तरह हैं, जो व्यक्ति को जीवन के वास्तविक प्रश्नों को सुलझाने में मदद करते हैं। इसका मुख्य कारण यह है कि गाँधी जी के विचार कहने मात्र को न हो कर जीवन के नाना प्रकार के अनुभवों के बीच गुने-गुंथे हुए थे। इन्हें वे लगातार अपने आचरण में उतारते रहते थे। गाँधी जी ने कहा था कि 'जो तुम देखना चाहते हो वह बन जाओ; यानी जो तुम चाहते हो कि हो, वैसा तुम अपने जीवन में करो। मेरी समझ से 'महात्मा' शब्द का एक ही अर्थ है – जिसके मन, वचन और कर्म तीनों में एकता हो। इस दृष्टि से गाँधी जी सच्चे अर्थों में महात्मा थे। उनकी उपस्थिति ने भारत की राजनीति को प्रभावित किया, जिसने इतिहास को दिशा दी और साम्राज्यवादी शक्ति का दृढ़ता के साथ प्रतिरोध किया। यह सब अभूतपूर्व था और इसका परिप्रेक्ष्य उपनिवेशवाद और आधुनिकता की उस वैकल्पिक वैचारिकी से निर्मित हुआ जो भारतीय चिंतन और सांस्कृतिक विरासत पर टिकी थी।

समाज में होने वाला परिवर्तन इतिहास की शक्तियों के अधीन हुआ करता है और समाज-विज्ञान उसे मानवीय कर्तृत्व की परिधि में समझने-समझाने की कोशिश में लगे रहते हैं। इस कार्य के लिए आज भी जिन मुहावरों का उपयोग किया जाता है, वे बहुधा उपनिवेश की छाया में गढ़े गए और उन्हें आधुनिकतावादी यूरो-अमेरिकी समझ को सार्वजनीन मानते हुए अपनाया गया। इस परियोजना को उत्कृष्ट जीवन का काल मान कर लागू किया गया। औपनिवेशिक काल में अंग्रेज 'आधुनिक' थे और भारतीय 'पिछड़े' और 'परंपरावादी' ठहराये गये थे। एक तरह की वर्चस्ववादी ज्ञान निर्माण की औपनिवेशिक परियोजना के हस्तक्षेप ने भारत के अतीत और वर्तमान को विच्छिन्न कर दिया। भारत की सृष्टि- स्थिति -विनाश की चक्रीय किस्म की काल-चेतना, आधुनिक सीधी रेखा में आगे ही बढ़ते रहने वाली 'लीनियर किस्म की काल - दृष्टि के सामने हीन कोटि की समझी गई। इसके बावजूद कि तर्क और ज्ञान पश्चिम का जन्म जात अधिकार नहीं था, भारतीय सभ्यता का समस्त संचित ज्ञान अप्रासंगिक हो गया। इस नई दृष्टि में एक यांत्रिक दुनिया की अवधारणा स्वीकार की गई और सृष्टि के विकास में बलशाली को जीने का अधिकारी माना गया। फलतः भीषण नरसंहार भी हुए। इस सोच की परिणति समाज को एक उद्योग मानने में हुई और लोभ और भोग हावी होते गए। बाजार का रूपक सामाजिक सच्चाई बनता गया।

काल-क्रम में आधुनिक भारतीय बौद्धिकता का उदय उन्नीसवीं सदी के आरम्भ में सांस्कृतिक जागरण, मध्यवर्ग के उदय और साक्षरता की वृद्धि के साथ हुआ। भारत के विभिन्न क्षेत्रों के जन नेता जिन्होंने स्वतंत्रता की महत्वाकांक्षा को आगे बढ़ाया, उन्होंने भविष्य के भारत की छवि गढ़ी और गाँधी जी के नेतृत्व में स्वतंत्रता आन्दोलन द्वारा 1947 में देश को आजाद किया। तब विचार में भी स्वराज की बात उठी थी परंतु अनसुनी ही रह गई। स्वतंत्र भारत में गणतंत्र की स्थापना

के साथ संविधान ने सामाजिक जीवन में ढांचागत बदलाव शुरू किया। सभी नागरिकों को मताधिकार देने के साथ ही बहुत सी पुरानी संस्थाओं को आधिकारिक तौर पर समाप्त कर, राज्य द्वारा नियोजित विकास का दौर शुरू हुआ। नेहरू जी के नेतृत्व में समाजवादी नजरिये को तरजीह मिली। भारी उद्योग लगाने, आधार संरचना का विकास, विज्ञान और प्रौद्यौगिकी की संस्थाओं को बढ़ावा, कृषि और ग्रामींण अर्थ व्यवस्था पर बल दिया गया। कुल मिला कर अविकसित देश के लिए राजमार्ग के रूप में 'विकास' के तर्क और विमर्श ने अधिकार जमाया। साथ ही नौकरशाही की नकेल भी कसती चली गई। हरित क्रांति भी आई और खाद्यान्न उत्पादन बढ़ा, शिक्षा संस्थाओं का विस्तार हुआ और औद्योगिक विकास ने गति पकड़ी। स्वतंत्रता मिलने के बाद दो दशकों तक, राज्य और समाज के अध्येताओं के बीच विकास को लेकर सहमति बनी थी। परम्परा को आधुनिकता के साथ अनुकूलित या 'अडैप्ट' करना ही अकेला मार्ग मान लिया गया। आधुनिकीकरण और प्रगति को समाज के उज्ज्वल भविष्य के द्वार खोलने वाला स्वीकार करते हुए सतत तीव्र परिवर्तन को असंदिग्ध रूप से श्रेयस्कर ठहरा दिया गया। ईश्वर और भाग्य से मुक्त काल की सेकुलर अवधारणा की ओर हम बढ़ने लगे जो अतीत के भारी भार से छुटकारा दिला सके। परन्तु सत्तर के दशक के बाद विकास के साथ उसके अंतर्विरोध भी प्रकट होने लगे। सांस्कृतिक तनाव भी दिखने लगा। कृषि के क्षेत्र में छोटे किसान समाज के हाशिये पर जाने लगे। उनकी उपेक्षा के चलते जातीय अस्मिता ने नया कलेवर धारण करना शुरू किया। जाति के आधार पर समाज का ध्रुवीकरण शुरू हुआ। गरीबी, स्वास्थ्य और शिक्षा को ले कर संरचनात्मक सवाल भी कड़े होने लगे। जेंडर और दलित चेतना ने भी आन्दोलित करना शुरू किया। धर्म, समुदाय, भाषा और क्षेत्र की अस्मिताएं भी सिर उठाने लगीं। संशय और अविश्वास की काई को सतही नारों से पाटने की

कोशिशें हुई पर महत्वाकांक्षाओं के ज्वार में समाज के लिए जरूरी संरचनात्मक बदलाव नहीं आ सका।

नब्बे के दशक में उदारीकरण ने अर्थ नीति में नया आयाम जोड़ा। सोवियत संघ के टूटने के साथ पूंजीवाद ही राजनीति का एकल आधार बनता गया। सूचना और संचार की प्रौद्योगिकी के अकूत विस्तार और विदेशी निवेश के साथ कई प्रकार के 'सुधार' भी आने लगे। औद्योगीकरण, नगरीकरण और वैश्वीकरण के आपसी रिश्ते भी जटिल होने लगे। वैश्वीकरण एक नए किस्म के उपनिवेशीकरण की तरह पांव पसारने लगा और विकास अपना वादा पूरा करता नहीं दिखा। वह गरीबी, विस्थापन, सामाजिक-आर्थिक भेद, कूड़ा उत्पादन और प्रदूषण आदि के लिए जिम्मेदार ठहराया जा रहा है। आधुनिकता की परियोजना भी वैयक्तिकता, निजीकरण और पूंजीवाद के बल पर जो आभिजात्य को ही स्थापित करती है, सफल होती नहीं दिख रही है। विकल्प के रूप में अब 'टिकाऊ विकास' के बारे सोचा जा रहा है, जिसमें भविष्य की चिंता भी शामिल है। इसी क्रम में यह भी सोचना होगा कि उत्तर आधुनिक 'आधुनिक' से भिन्न है या छद्म रूप में उसका ही विस्तार है। विचारणीय यह भी होगा कि उत्तर उपनिवेशवाद और वि- उपनिवेशीकरण के तर्क हमें कहाँ ले जाएंगे। आज पर्यावरण के बढ़ते खतरे, अकेलेपन, मानसिक अस्वास्थ्य और बढ़ती हिंसा को देखते हुए सिर्फ मानव केंद्रित, सोच अधूरी और खतरनाक लग रही है। चूंकि, सांस्कृतिक रचनाशीलता में परम्परा का पुनराविष्कार भी आता है, अतः आधुनिकता की जगह व्यर्थ सी लगने वाली परंतु, पूरी सृष्टि को शामिल करने वाली और सबके बीच परस्परावलम्बन को आगे ले जाने वाली परम्परागत दृष्टि अधिक प्रासंगिक है। सब में अपने को देखना और अपने में सबको देखना ही, देखना होता है। इसी के आधार पर विविधता भरी दुनिया में साझेदारी वाला भविष्य बन सकता है।

21वीं सदी में महात्मा गाँधी के विचारों की प्रासंगिकता के ऊपर चर्चा करते समय अनेक पक्ष सामने आते हैं जिनके प्रसंग में कुछ बातें विशेष रूप से ध्यान आकृष्ट करती हैं। याद करें, जब सन् 2000 में 21वीं सदी शुरू हुई तो बड़े शौक से हमने इसका अभिनंदन किया था और पूरे विश्व में आतिशबाजी हुई थी। तब लगा था कि मानवता के लिए एक नया जीवन, एक नए तरह के परिवर्तन का आगाज होगा परन्तु, दो दशकों का जो हमारा अनुभव है, वह सिर्फ और सिर्फ एक ही बात बताता है कि हम दिनोदिन लगातार अधिकाधिक बर्बर होते जा रहे हैं। बर्बरीकरण एक मात्र शब्द है जो हमारे जीवन के अनुभव को वैश्विक स्तर पर सार के रूप में प्रस्तुत करता है। आप देखें, कोई ऐसा दिन नहीं मिलेगा जब अंतरराष्ट्रीय स्तर पर कहीं युद्ध या युद्ध के निकट की स्थिति न दिखाई पड़ती हो, कहीं पर बम न चल रहा हो, कहीं पर इस तरह का अमानवीय अत्याचार न हो रहा हो। आज बर्बरीकरण मनुष्य का स्वभाव होता जा रहा है। यह एक बड़ी खतरनाक स्थिति है। इसका अनुभव करते-करते हम इसको अपने स्वभाव का अंग माने जा रहे हैं। मानों यही हमारी प्रकृति है। इस तरह मनुष्य का जो विकार या दोष है वह उसकी प्रकृति का अंग होता जा रहा है। ऐसे ही लोभ और संग्रह की प्रवृत्तियां, यह सब हमारे जीवन में घर करती जा रही हैं। जैसे- हम चाहते हैं कि हमारे पास ज्यादा से ज्यादा कपड़े और भौतिक सुख-सुविधा बढाने वाली वस्तुएं ज्यादा से ज्यादा मात्रा में एकत्र होती जांय किंतु इसकी कोई सीमा दिखने में नहीं आती है कि कब अर्थात क्या होने पर हम संतुष्ट होंगे। अब तो हम बाजार में पहुंच कर कोई सामान इसलिए खरीदते हैं कि कुछ नया दिख गया, न कि इसलिए कि हमें उसकी जरूरत है। हम बहुत सारी गैर-जरूरी चीजों को भी खरीदकर अपने घर में अम्बार लगाते जाते हैं। बहुत बाद में जब घर में जगह कम पड़ने लगती है तो किसी तरह से उससे मुक्ति पाने की कोशिश करते हैं। अब घर का आकार

भी छोटा होता जा रहा और जगह कम पड़ती जा रही है। संग्रह से तमाम तरह की समस्याएँ भी पैदा होती हैं।

वस्तुतः, संग्रह करने और लोभ की इच्छाएं, एक चुनौती के रूप में हमारे सामने उपस्थित हैं। हम अपनी सीमाएं नहीं तय कर पा रहे हैं। अब अधिकाधिक लोग मधुमेह, हृदय रोग और उच्च रक्तचाप के शिकार हो रहे हैं। इन सबका मुख्य कारण अपनी सहज स्वाभाविक प्रकृति के अनुकूल आचरण की व्यवस्था का पालन न करना है। इसके लिए लोग न जाने क्या-क्या उपाय कर रहे हैं। कुछ सम्पन्न लोग बैंगलोर, केरल में जाकर प्राकृतिक चिकित्सा का हजारों रूपए का पैकेज लेकर स्वास्थ्य लाभ ले रहे हैं। गाँधी जी ने बड़े अनुभव के बाद कड़े अनुशासन से अपने जीवन को निखारते हुए यह महसूस किया कि आधुनिक आदमी के सामने भी बुनियादी प्रश्न ज्यों का त्यों है। मनुष्य का शरीर तो उसी तरह का है, जैसे पहले था, इसके अन्दर जितने अंग हैं वैसे ही हैं, कोई खास फर्क नहीं पड़ रहा है। उनको क्या करना चाहिए, इस शरीर को कैसे रखना चाहिए, इसके लिए बड़े ऑब्जेक्टिव ढंग से, वस्तुनिष्ठ ढंग से सोच कर उन्होंने यह प्रस्ताव दिया और उस पर आचरण करने की कोशिश की। शारीरिक श्रम भी दैनंदिन जीवन चर्या के लिए नितांत महत्वपूर्ण है। उनका अनुभव सम्मत दृढ विचार था कि इस शारीरिक श्रम का सम्बन्ध उत्पादकता, सामाजिक सहयोग और शरीर के स्वास्थ्य जैसी तमाम चीजों से है। और बुद्धिजीवी कहलाने वाले लोग क्षमा करेंगे, गाँधी जी तो कहते हैं कि अपरिग्रह केवल सामान रखने तक ही सीमित नहीं है बल्कि वह बुद्धि के बारे में और बौद्धिक कार्य के बारे में भी लागू होता है। बहुत ज्यादा तो कुछ भी नहीं चाहिए, इसलिए उन्होंने कहा- इतना ही सोचो, इतना ही पढ़ो, उसके बाद अतिशय से तो सिर्फ तूफान ही मचेगा। आप यह देखिये कि आज भारत में शिक्षित बेरोजगारों की संख्या कितनी प्रचुर मात्रा में है और वह बढ़ती ही जा रही है। लोग जिस तरह की शिक्षा पाकर निकले हैं, कहते हैं कि हम तो

टेबल–कुर्सी पर बैठ कर सिर्फ हस्ताक्षर करने का काम करना पसंद करते हैं और कोई दूसरा काम नहीं करना चाहते। अब वैश्वीकरण के दौर में बड़ी जटिल परिस्थितियाँ आ गई हैं। छोटी दुकानें खत्म हो रही हैं और उनकी जगह अब मॉल खड़े हो गए हैं और वहां पर हर चीज जो 5 रुपये की है वह 25 रुपये में बिक रही है। मॉल में जाकर कोई अपनी बेइज्जती तो कराएगा नहीं, कुछ न कुछ तो खरीदेगा ही। और वह पैसा किसके पास जा रहा है? वह सामान्य या मध्य वर्ग के लोगों के पास नहीं जाता, वह बड़े–बड़े लोगों के पास जा रहा है जिनके पास पहले से पैसा ही पैसा है। अर्थात, जो धनी और समृद्ध हैं, वे और समृद्ध होते जा रहे हैं। आप यह देखें गाँधी, जिस तरह के विकेंद्रीकृत समाज की बात कर रहे थे, जिस तरह की उत्पादकता की बात कर रहे थे, जिस तरह के श्रम की बात कर रहे थे, और जिस तरह की शिक्षा की बात कर रहे थे, वह बुनियादी थी और सर्व साधारण के हित में थी। उन्होंने, जिस नई तालीम की शुरुआत की थी, उसका उद्देश्य यही था कि लोग अपनी प्रकृति, अपने समाज और अपनी आत्मा से जुड़े रहें। ये मूलभूत प्रश्न हैं जिनका उत्तर हर समाज को देना पड़ेगा। पर हम असंवेदनशील बने रह कर सभी समस्याओं की उपेक्षा करते जाते हैं। उदाहरण के लिए, हम शिक्षा की बात लें। एक छोटी सी परंतु विकराल हो रही समस्या है कि प्राइमरी स्तर पर कितना पढ़ाया जाये। इसका सम्बंध बच्चों के बस्ते के बढ़ते भार से है। इसके लिए विद्वान वैज्ञानिक डा. यशपाल जी की अध्यक्षता में कुछ साल पहले एक कमेटी बनी थी। कमेटी का सुझाव आया कि बच्चों की पुस्तक का भार कम किया जाए पर आज तक कुछ नहीं हो पाया और एक अक्षम्य अपराध हम लोग कर रहे हैं, बच्चों को भारी भरकम बस्ते देकर पढ़ने के लिए अभी भेजा जा रहा है। यह मजाक नहीं है तो क्या है ? हम लोग इतना तो कर सकते हैं न कि उनको पढ़ने के लिए कितना अपेक्षित है, कितना आवश्यक है, यह तय कर सकें। ज्ञान का तो कोई अंत नहीं है, अनंत है वह। तो आप

पढ़ने के लिए दस विषय डाल दीजिए, पंद्रह विषय डाल दीजिये, ऐसा करते हुए हम उसका बचपन छीनते जाते हैं और सीखने को रटने के तुल्य बनाते जाते हैं।

आज कैसी और किस तरह से शिक्षा दी जाय, यह एक भयानक समस्या बन चुकी है। हम शिक्षा की दृष्टि से विचार करें जो मनुष्य समाज की उन्नति के साथ जुड़ी हुई है और पूछें कि किस प्रकार की शिक्षा की आवश्यकता है तो गाँधी जी याद आते हैं। गाँधी जी ने हर चीज की एक ही कसौटी बनाई थी, केवल एक कसौटी। और वह कसौटी नैतिकता की थी। हर जगह वे यही प्रश्न कड़ा कर देते थे कि यह जो आप कर रहे हैं क्या वह नैतिक आधार पर ठीक है हमारे आचरण का, हमारे व्यवहार का नैतिक आधार जरूरी है। हम लोग उस आधार पर काम कर रहे हैं या नहीं यह खास बात है। इसी के साथ यह सवाल भी उठता है कि हमने समाज के लिए क्या दिया है? आजकल तो हम लोग एक प्रकार की आत्म रति या आत्मलीनता की स्थिति में डूबते चले जा रहे हैं कि जितना मिले उतना हथिया लें। जितना मिल सके, उतना ग्रहण करते चलें। समाज को देने की इच्छा नहीं है। देश को देने की इच्छा नहीं है। भारत तो हमारा है पर हम भारत के नहीं हैं। जितना हमारा हो सके उतना कब्जा कर लें। ये भाव बड़े घातक हैं। इस तरह का बर्बरीकरण और कहीं नहीं, विनाश की ओर ही ले जाएगा।

गौरतलब है कि सन् 1930 में इंगलैंड में भारतीय समुदाय से बात करते हुए गाँधीजी ने इस बर्बरीकरण की ओर ध्यान आकृष्ट किया था। 1909 में तो उन्होंने "हिन्द स्वराज" लिखा, उसमें भी वह इस शैतानी सभ्यता की ओर ध्यान आकर्षित करते हैं। वह यह चेतावनी देते हैं कि जो यह परिवर्तन हो रहा है, वह कहीं न कहीं मनुष्य की प्रकृति, उसके स्वभाव, उसकी संस्कृति को नष्ट करने वाला है। विशेष रूप से प्रौद्योगिकी के विविध रूप और उसके अंधाधुंध उपयोग

के साथ, आज हम कहां पर आकर खडे हैं? पहले प्रातः काल सो कर उठते हुए एक श्लोक पढ़ा जाता था-

“कराग्रे वसते लक्ष्मी, करमध्ये सरस्वती।
करमूले तु गोविन्दः प्रभाते कर दर्शनं।।

अब यह श्लोक कोई नहीं पढ़ता है। अब जागृत जीवन का अंतिम काम है, मोबाइल देख कर सोने को जाना और सुबह उठ कर फिर मोबाइल देखना। यह विचारणीय है कि आज मोबाइल आदि यंत्रों के हम कितने आदी हो गए हैं? कितना समय हमारा उसमें जा रहा है? हम समाज को समय ही न नहीं दे पा रहे हैं। अब टीवी पर प्रोग्राम देखना है, यह करना है, वह करना है। चौबीस घन्टे का हमारा समय किस तरह से वितरित हो रहा है? तो कहीं न कहीं ठहर कर सोचना पड़ेगा। 'संस्कार' शब्द तो बड़ा पुराना हो गया। लोग कहेंगे कि इतना पुराना शब्द आप बेकार का ला रहे हैं। लेकिन, जो हमारे संस्कार हैं, जीवनचर्या के जो-जो अंग हैं, उन में हो रहे परिवर्तन कहीं न कहीं हमको विचलित कर रहे हैं और हम उन्हें अपने आप से ही दूर करते जा रहे हैं। संस्कृति की बात करिए, संस्कृत भाषा की बात करिए, तो आपको पुरातनपंथी आदमी कहा जाएगा। लेकिन, प्रश्न यह उठता है कि अच्छे जीवन की, गुणवत्तापूर्ण जीवन की, जो बात आज की जा रही है वह आएगी कहां से? वह मोबाइल से नहीं आएगी, वह आत्मलीनता से नहीं आएगी। वह तो परहित से आएगी, परोपकार से आएगी। तो जब तक हम परहित का, लोगों का, दूसरे का, समाज का, देश का, भारत का चिंतन नहीं करेंगे, उसको अगर अपने चिंतन में जगह नहीं देंगे तो चिंतन में व्यापकता नहीं आएगी। आत्मलोलुपता में कटौती न करना, अपने आप में ही डूबे रहना और अपने को ही सत्य मानना बड़ी खतरनाक प्रवृत्ति है। आज के जीवन की यह बड़ी बाधा है। आज का समय अकेलेपन को बढ़ाने वाला समय है, समाज से विलग करने वाला समय है। गाँधी जी यहाँ हमारे सामने एक विकल्प

के रूप में आते हैं, जो यह चेताते हैं कि देखो योग में जो 'यम' कहे गए है, अहिंसा, सत्य, अस्तेय, अपरिग्रह, ब्रह्मचर्य- यह किताब की बात नहीं है, इनको आचरण में लाने की जरूरत है। अहिंसा का अर्थ दूसरों को चोट पहुंचाने से बचना मात्र नहीं है, अहिंसा का अर्थ दूसरों से प्रेम करना है। अहिंसा एक सकारात्मक विचार है। गाँधी जी अपने आपको मालिक नहीं बल्कि ट्रस्टी के रूप में अभिव्यक्त करते है। गाँधी जी एक खास तरह की जीवनचर्या की बात करते हैं जिसमें शरीर, मन और बुद्धि का ठीक से उपयोग हो। किन्तु, हम सब इनके बेठीक उपयोग करने के आदी होते जा रहे हैं। यह एक बड़ी भारी विसंगति है। हममें अब वह प्रवृत्ति नहीं है कि इन चीजों के ऊपर विचार करें। मगर खतरा यह है कि अगर विचार नहीं करेंगे, तो विनाश भी तय है। अगर जीवन संभव है तो इस तरह के विचार से, संग्रह से बचना होगा, अपरिग्रह को अपनाना पड़ेगा। लोभ से बचना होगा, आत्मलीनता से बचना होगा। जब तक विकेन्द्रीकरण नहीं होगा, अहंकार का विगलन नहीं होगा, तब तक हमारा उद्धार संभव नहीं है। गाँधी जी एक विकल्प के रूप में आते हैं, हमको लगता है कि जिस तरह से भाव को शिक्षा में सम्मिलित करने की आवश्यकता थी, वह हम नहीं कर सके। सत्तर सालों में हम भजन तो गाते रहे,

"रघुपति राघव राजा राम,
पतित पावन सीता राम,
ईश्वर अल्ला तेरो नाम,
सबको सन्मति दे भगवान"

किन्तु, गाँधी चिंतन को शिक्षा में, चिंतन में, व्यवहार में ला नहीं सके और भाई चारे की जगह सामाजिक कटुता बढ़ती गई। हमने गाँधी को पार्थिव बना दिया। यदि हम आप चाहते हैं गाँधी जी को, उनको प्यार करते हैं तो उनके विचार को आत्मसात कर अपने जीवन में उतारने का प्रयास करना होगा। यह समय की भी मांग है।

2

हरिजन अखबार की संवाद शैली

– देवेश कुमार दूबे

महात्मा गाँधी के व्यक्तित्व के कई रूप हैं। वे पत्रकार हैं, संपादक हैं, समाज सुधारक हैं, दार्शनिक हैं और भी अन्य रूपों में अपनी भूमिका अदा करते हैं। गाँधी जी ने अपनी हर भूमिका में अपने संवादी रूप को मुखर रखा है। गाँधी जी संवाद को कला मानते थे और विज्ञान भी। उनके लिए संवाद, इस अर्थ में कला है क्योंकि, मनुष्य की सर्वोत्तम अभिव्यक्ति का माध्यम ही संवाद है। विज्ञान इस रूप में है कि उसका अपना एक शास्त्र है। वे कहते थे कि किसी भी रचनात्मकता के लिए, विकास के लिए, यहाँ तक कि किसी समुदाय को आगे ले जाने के लिए संवाद एक जरूरी साधन है। गाँधी जी हमेशा खुले मन से संवाद करते थे। वे प्रायः उस संवाद के हिमायती थे, जहां विचार और तर्क का आधार हो, जो जनहित में हो, समाज और राष्ट्र की परिस्थिति और प्रकृति को परिभाषित करता हो। इसी को ध्यान में रखते हुए गाँधी जी ने हरिजनों को सामाजिक सम्मान दिलाने के लिए लोगों से पत्र व्यवहार शुरू किया, जिससे हरिजनों की कुछ सेवा की जा सके।

गाँधी जी ने 'हरिजन' नामक साप्ताहिक समाचार पत्र का प्रकाशन 11 फरवरी 1933 को पुणे से प्रारम्भ किया। यह अंग्रेजी साप्ताहिक समाचार पत्र था, जिसके सम्पादन का दायित्व आर. वी. शास्त्री जी के पास था। यह अंग्रेजी साप्ताहिक अखबार हरिजन सेवक संघ के तत्वाधान में प्रकाशित हुआ। इस संघ के अध्यक्ष घनश्यामदास बिड़ला थे तथा मुद्रक और प्रकाशक का काम अनंत विनायक पटवर्धन ने किया। इसका मुद्रण आर्यभूषण प्रेस पुणे से होता था। इस पत्र का आकार 32 गुणा 20 से. मी. था। इसके प्रत्येक अंक में आठ पृष्ठ होते थे। हरिजन के प्रत्येक पृष्ठ में दो कालम होते थे। प्रवेशांक में ही गाँधी जी ने 7 पंडितों के हस्ताक्षर का एक पत्र प्रकाशित किया, जिसमें बताया गया था कि चारों वर्णों में जो समान अधिकार हैं वे अधिकार हरिजन को मिलना चाहिए। ये हैं- मंदिर प्रवेश, शालाओं में शिक्षा, सार्वजनिक कुओं, घाटों, तालाबों और नदियों में निस्तार सुविधा।

भारत में अब हरिजनों का मसीहा चाहे कोई भी बने परंतु हरिजनों के सामाजिक उत्थान और जागृति का बीड़ा जो महात्मा गाँधी ने हरिजन के माध्यम से उठाया था उससे ना केवल हरिजनों में विश्वास बढ़ा और वह आगे आए वरन पूरे समाज में नई चेतना का संचार भी हुआ। हरिजन का प्रारंभ से हर अंक इस बात का साक्षी है कि गाँधी जी ने कितने सारे मोर्चों पर एक साथ ये लड़ाई लड़ी।

जब 'हरिजन' निकालने की तैयारी हो रही थी तब गाँधीजी ने अंबेडकर से हरिजन के प्रवेशांक के लिए संदेश भेजने का आग्रह किया था। डॉक्टर अंबेडकर ने 'संदेश' न भेजकर गाँधी जी को एक वक्तव्य भेजा। वह इस प्रकार था 'दलित वर्ग, वर्ण व्यवस्था का प्रति उत्पाद है और जब तक वर्ण व्यवस्था रहेगी, दलित वर्ग बने रहेंगे इसलिए जाति प्रथा की समाप्ति ही दलितों के लिए एक मेल सुविचार बात है और आने वाले संघर्ष में यही तत्व हिंदुओं की रक्षा करेगा

और उनके अस्तित्व को सुनिश्चित करेगा'। ये वक्तव्य 'हरिजन' में प्रकाशित हुआ।

गाँधी जी पंडित मदन मोहन मालवीय को बड़ा भाई मानते थे और अछूतों के उद्धार के आंदोलन पर इन दोनों में काफी पत्र व्यवहार हुआ करता था, जो हरिजन में प्रकाशित भी हुआ। मालवीय जी, गाँधी जी के विचारों के विरोधी नहीं थे। हरिजनों के उत्थान के लिए जो कार्य गाँधी जी कर रहे थे, इस बात पर मालवीय जी का कहना था कि- "आप जल्दबाजी कर रहे हैं। आपको धैर्य से काम लेना चाहिए। आप इस बात के लिए भी सचेत रहें कि वही तपस्या, आपका गौरव आपको भ्रमित ना कर दे। विनम्रता हीन तपस्या अर्थहीन होती है और हानिकारक भी। आप भविष्य में उपवास के सहारे से बचें। हरिजन स्वतंत्रता संग्राम के दौरान का एक ऐसा समाचार पत्र था जिसे प्रारंभ से ही जनता ने हाथों-हाथ अपना लिया था। केवल एक माह के बाद ही ऐसी स्थिति बनी कि हरिजन की बिक्री और चंदे से जो राशि जमा हुई वह 'हरिजन' पर हुए मुद्रण और प्रकाशन के खर्च से अधिक थी। बोर्ड ने 'हरिजन' के प्रकाशन के लिए जो 1044 रुपए दिए थे वो पैसे बच गए। इससे गाँधीजी का विश्वास भी बढ़ा। वे चाहते थे कि गुजराती का 'हरिजन' भी शीघ्र प्रकाशित हो जाए, उधर दिल्ली से हिंदी 'हरिजन', जिसका नाम 'हरिजन सेवक' था का प्रकाशन योगहरि के संपादन में 24 फरवरी 1933 को प्रारंभ कर दिया गया था। पुणे से 12 मार्च 1933 को गुजराती सृजन बंधुओं का प्रसंग प्रकाशित हुआ। 'हरिजन' की प्रारंभिक प्रतियां पढ़ने से ज्ञात होता है कि प्रथम 'हरिजन दिवस' 18 दिसंबर 1932 को मनाया गया था और इस दिन किए गए कार्यों से बाबा संतुष्ट थे परंतु गाँधीजी संतुष्ट नहीं थे फिर भी गांधीजी ने तय किया कि वित्तीय 'हरिजन दिवस' अप्रैल, 1933 के अंतिम रविवार को मनाया जाएगा। जब भी 'हरिजन दिवस' मनाया गया तब गाँधीजी का मन व्याकुल था। इतने व्यग्र थे कि

इस कार्यक्रम को सभी देशवासी क्यों नहीं अपना रहे हैं। अतः उन्होंने 8 मई से 29 मई 1933 तक 21 दिन के अखंड अनशन की घोषणा कर दी। इस संबंध में हरिजन के 6 मई 1933 के अंक में श्री राजगोपालाचारी ने लिखा है कि 4 घंटे तक गाँधी जी को मनाने का प्रयत्न विफल ही रहा है। वे अनशन पर बैठने के अपने फैसले पर अडिग हैं। अब तो शेष यही है कि यह प्रार्थना की जाए कि इस परीक्षा की अवधि में उनकी जान बच जाए।

गाँधीजी ने 8 जुलाई 1933 से पुनः 'हरिजन' में संपादकीय लिखना प्रारंभ किया और अपने अनशन के नतीजों पर संतोष व्यक्त करते हुए लिखा कि इस आंदोलन में सुधारवादियों और उनके विरोधियों के समान हरिजनों को भी अपना योगदान देना है। अपने पाठकों को मुझे यह सूचित करते हुए हर्ष हो रहा है कि मेरे अनशन से हरिजन भी उद्वेलित हुए हैं।

'हरिजन' अखबार की फाइलें इस बात की साक्षी हैं कि देश में हरिजनों के उद्धार के लिए जो कार्यक्रम गाँधीजी ने प्रारंभ किए उन्हें आंदोलन का स्वरूप कैसे मिला और इस लड़ाई में कैसे-कैसे उतार-चढ़ाव आए। 1938 तक 'हरिजन' पुणे से निकला और इसी वर्ष 'हरिजन सेवक' का प्रकाशन प्रारंभ हुआ। 8 अगस्त 1942 को मुंबई कांग्रेस में जब गाँधीजी ने 'अंग्रेजों भारत छोड़ो' का नारा दिया तब गाँधी जी और देश के अन्य नेता गिरफ्तार कर लिए गए। 'हरिजन' प्रेस पर भी ताले डाल दिए गए और रिकॉर्ड की प्रतियां जला दी गईं। 'हरिजन' बंद हो गया। जब 6 मई 1944 को गाँधी जी जेल से छूटे उसके बाद हरिजन 10 फरवरी 1946 से पुनर्जीवित किया गया। पुनः गाँधीजी अधिकतर 'अंग्रेजी हरिजन' और 'गुजराती हरिजन' बंधु में लिखा करते थे, परंतु जब 'हरिजन सेवक' के संपादक योगहरी ने गाँधी जी को लिखा कि उन्हें कुछ ना कुछ तो 'हरिजन सेवक' में लिखना ही चाहिए। तब गाँधी जी ने

लिखा था। गाँधी जी कहते हैं कि क्योंकि राष्ट्रभाषा में लिखना मुझे प्रिय है इसलिए इतना ही कहूंगा कि मैं कोशिश करूंगा। वैसे भी गाँधी जी चाहते थे कि योगहरी हरिजन निवास को हरिजनों का आदर्श बनाने का ही कार्य करें। अत: उन्होंने निर्णय लिया कि 'हरिजन' 'हरिजन बंधु' और 'हरिजन सेवक' यह तीनों पत्र पुणे से ही निकालेंगे तो उन्हें लिखने और अनुवाद कराने में सुविधा होगी। जब 7 सितंबर 1940 से 'हरिजन सेवक' पुणे से प्रकाशित होना प्रारंभ हुआ। तब योगहरि के अनुरोध पर प्यारे लाल जी को 'हरिजन सेवक' का संपादक बनाया गया। नवंबर 1940 में सरकार के प्रतिबंधात्मक आदेश के कारण गांधीजी ने इसका प्रकाशन रोक देना ही उचित समझा। भारत छोड़ो आंदोलन में बंद रहने के बाद 1946 से इसका पुणे से प्रकाशन हुआ।

आलेखों का विश्लेषण

हरिजन अखबार में गाँधी जी के द्वारा लिखे गए आलेखों का विश्लेषण करते हुए उसकी संवाद शैली का अध्ययन इसके फलितार्थ शीर्षक से 'हरिजन' में गाँधी जी लिखते हैं कि अस्पृश्यता विरोधी आंदोलन के बारे में उनसे पूछा गया कि "आप इस आंदोलन को केवल अस्पृश्यता उन्मूलन तक ही क्यों सीमित करते हैं, पूरी जाति व्यवस्था को ही आप क्यों नहीं समाप्त कर देते। यदि जाति और जाति के बीच अंतर है और जाति तथा अस्पृश्यता के बीच अंतर है तो क्या यह केवल मात्रा का ही भेद नहीं है।" इसके जबाब में गाँधी जी कहते हैं कि हिंदू धर्म में अस्पृश्यता जिस रूप में प्रचलित है या मेरी राय में ईश्वर और मनुष्य के प्रति पाप है। यह जहर ही धीरे-धीरे हिंदू धर्म को खोखला किए जा रहा है, मेरी राय में यदि हम हिंदू शास्त्रों को संपूर्ण रूप में लें तो उसमें अस्पृश्यता का कहीं समर्थन नहीं किया गया है। इस प्रकार की अस्पृश्यता तो शास्त्रों में मिलती है और वह सभी धर्मों में पाई जाती है या स्वच्छता सफाई का एक नियम है, यह अस्पृश्यता

तो अनंत काल तक कायम रहेगी लेकिन जिस प्रकार की असुविधा आज भारत में प्रचलित है वह वीभत्स चीज है और विभिन्न प्रांतों में यहां तक कि विभिन्न जिलों में भी उसके भिन्न-भिन्न रूप हैं इसमें अस्पृश्यों और स्पृश्यों दोनों को पतित किया है। इनसे चार करोड़ लोगों के विकास को अवरुद्ध कर दिया है। उन्हें जीवन की सामान्य सुविधाओं से भी भी वंचित रखा गया है। अतः जितनी जल्दी इसको समाप्त कर दिया जाए उतना ही भारत के लिए अच्छा है और शायद सामान्य रूप से सारी मानवता के लिए अच्छा है।

जाति-प्रथा के बारे में ऐसा नहीं हैं। भारत में बहुत सारी जातियां हैं यह जाति एक सामाजिक संस्था है, जैसा कि स्वर्गीय सर विलियम विल्सन हंरट ने ठीक ही कहा था, हर जाति एक व्यापार संघ है। किसी समय से यह एक बहुत उपयोगी उद्देश्य अपने को प्रतिबंध थे, उसने और ज्यादा प्रतिबंध जोड़ लिए हैं जिनका मेरी दृष्टि में कालांतर में खत्म हो जाना निश्चित है। उनमें पाप जैसा कुछ नहीं है। इन प्रतिबंधों के कारण इन से पीड़ित लोगों की आर्थिक प्रगति में बाधा पहुंचती है लेकिन, यह प्रतिबंध उनकी आत्मिक उन्नति के मार्ग में बाधा स्वरूप नहीं हैं। इसलिए जाति प्रथा और अस्पृश्यता के बीच भेद मात्रा का नहीं बल्कि किस्म का है। यह व्यक्ति, स्थान, संभ्रांत समाज के दायरे से बाहर है। उनके साथ मनुष्य जैसा व्यवहार भी नहीं किया जाता है।

अस्पृश्यता

आज अपने जिस स्वरूप में आज प्रचलित हुई वह हिंदू धर्म के ऊपर सबसे बड़ा कलंक है। सनातनियों से क्षमा मांगते हुए कहना होगा कि यह शास्त्रों के विरुद्ध है। किसी आदमी को केवल जन्म के कारण अस्पृश्य समझा जाए, उसे निकट तक न जाने दिया जाए तथा उसको देखना तक पाप समझा जाए। यह बात मानवता के बुनियादी सिद्धांतों

के विरुद्ध है। जो स्पष्ट रूप से मानवता या नैतिकता के अहिंसा या सत्य के सिद्धांत के भी विरुद्ध हैं।

हरिजन क्यों?

गाँधीजी ने लिखा कि कई पत्र-लेखकों ने मुझसे पूछा है कि मैंने अस्पृश्यों के लिए 'हरिजन' नाम क्यों चुना है कुछ अंग्रेज मित्रों ने मुझे उसका अर्थ बताने को कहा है कि कहीं यह मेरा गढ़ा हुआ नाम तो नहीं है। कुछ साल पहले कई अछूत पत्र लेखकों ने इस बात की शिकायत की है कि मैं नवजीवन में अस्पृश्य शब्द का प्रयोग करता हूं। अस्पृश्य के शाब्दिक अर्थ है अछूत। तब मैंने उनसे कोई बेहतर नाम सुलझाने को कहा और इस पर एक अस्पृश्य पत्र लेखक ने गुजरात के एक सर्वप्रथम ज्ञात संत कबीर के प्रमाण पर हरिजन शब्द अपनाने का सुझाव दिया। हालांकि, जो उदाहरण उसने भेजा था वह इस शब्द को स्वीकार करने के पक्ष में दिए गए उनके तर्क पक्ष में बिल्कुल सटीक नहीं बैठा था। तथापि, मुझे लगा कि यह एक अच्छा शब्द है। हरिजन का अर्थ है वह व्यक्ति जो ईश्वर का प्रिय हो। संसार भर के धर्म, ईश्वर को अनाथों का मित्र बेसहारों का सहारा और निर्बलों का रक्षक कह कर बुलाते हैं। सारी दुनिया को छोड़ दें तो भारत में उन चार करोड़ या इससे ज्यादा हिंदुओं से ज्यादा मित्र हीन, लाचार और निर्बल और कौन हो सकता है जिन्हें, अस्पृश्य कहा जाता है यदि किसी मानव समूह को ईश्वर का प्रिय कहना उचित है तो यह निश्चय ही ये मित्र- हीन, लाचार और तिरस्कृत लोग हैं। यही कारण है कि इस पत्र व्यवहार के बाद में मैंने अस्पृश्यों के लिए हरिजन नामक शब्द प्रयोग किया है और जब ईश्वर ने मुझे जेल भोगते हुए भी उनकी सेवा का काम सौंपने का निश्चय किया, तब मैं उनके लिए अन्य किसी शब्द का प्रयोग नही कर सकता था। मैं अस्पृश्य शब्द से और उसके जो फलितार्थ हैं उनसे घृणा करता हूं। ऐसा नहीं कि नाम के परिवर्तन से उनके दर्जे में कोई अंतर पड़ता

है। लेकिन इससे कम से कम एक ऐसे शब्द के प्रयोग से तो हम बच ही सकते हैं जो स्वयं तिरस्कार सूचक है। जब सब हिंदू अपने आंतरिक विश्वासवश मौजूदा अस्पृश्यता को दूर कर देंगे, तब हम सभी लोग हरिजन कहलाएंगे क्योंकि मेरी नम्र राय में तब सवर्ण हिंदू ईश्वर के प्रिय बन जाएंगे और तब उन्हें ईश्वर का प्रिय या हरिजन कहना उपयुक्त ही रहेगा।

गाँधी जी ने अन्य शीर्षक जैसे मांगना या देना, एक अतिदेय नागरिक सुधार, क्या घट भाई चारा है, मंदिर में प्रवेश और वर्ण श्रम इत्यादि से हरिजनों के उत्थान के लिए अपने आलेख हरिजन अखबार में लिखते रहे। उनका मानना था कि इस तरह के संवादों से हरिजनों की कुछ सेवा की जा सकती है।

निष्कर्ष

उपर्युक्त संवादों से समझा जा सकता है कि गाँधी की लेखन शैली स्पष्ट अनुशासन से परिपूर्ण थी। वे हमेशा अपना विरोध भी आग्रह पूर्वक दर्ज कराते थे। वे शब्दों के साधक थे, उनकी शैली सरलता और लालित्य से पूर्ण थी। वे विचारात्मक शैली में भावपूर्ण शब्दों के साथ छोटे-छोटे वाक्यों की संरचना में अपना लेखन कार्य करते थे। अगर हरिजन अखबार की बात करें तो वो हरिजन लोगों के उद्धार के लिए भले ही हरिजन अखबार का प्रकाशन कर रहे होते हैं, लेकिन हरिजन लोग से अधिक वे सवर्णों से पत्र व्यवहार करते हैं और उनसे कहते है कि वे अपनी दृढ़ता से थोड़ा हट के देखेगें तो सब एक ही ईश्वर की संतान हैं। जब सब एक ही ईश्वर की संतान है तब किसी भी चीज में किसी भी प्रकार का विभेद क्यों? इस प्रश्न को वो बहुत ही व्यापकता से उठाते हैं और फिर कहते हैं कि सब के सहयोग से ही इन अस्पृश्य लोगों का उद्धार हो सकता है। उपरोक्त तथ्यों के आधार पर निम्नलिखित निष्कर्ष निकाला गया है:

1. हरिजन अखबार की संवाद शैली आम बोलचाल की भाषा के साथ निहित है।
2. पाठक और उद्देश्य के अनुसार तथ्यों को पाठकों के बीच प्रस्तुत किया गया है।
3. आक्रामक शैली लेखन का अभाव है, लेकिन मुद्दों को गंभीरता के साथ रखा गया है।
4. भाषा, साहित्य से ज्यादा प्रभावित नजर आ रही है।
5. सामाजिक सुधार के मुद्दों की प्राथमिकता है।
6. अत्यंत पिछड़ों के मुद्दों को प्रमुखता से लिखा गया है, जिसमें गाँधी अपने विचारों को भी शामिल कर के लिखते हैं।
7. गाँधी जी कई बार संपादकीय के माध्यम से जनचेतना के साथ स्वतन्त्रता का बिगुल बजाते नजर आते हैं।

संदर्भ सूची

- सम्पूर्ण गाँधी वाङ्मय खंड 53) पृष्ठ सं. 280।
- वही पृष्ठ सं. 283।
- वही पृष्ठ सं. 291।
- वही पृष्ठ सं. 292।
- वही पृष्ठ सं. 293।
- गाँधी महात्मा. (आर. के. प्रभु.). 2018. मेरे सपनों का भारत. सर्व सेवा संघ प्रकाशन:राजघाट, वाराणसी.
- श्रीधर, विजयदत्त. (15 Oct 2018). पत्रकार गाँधी और उनके पत्र. आंचलिक पत्रकार (अंक 2). मध्य प्रदेश: स्प्रे संग्रहालय।

3

वैश्वीकरण और गाँधी के आर्थिक चिंतन की प्रासंगिकता

– डॉ. साधना शुक्ला

महात्मा गाँधी के जन्म को इस वर्ष डेढ़ शताब्दी हो गए हैं लेकिन उनके विचार और दर्शन सर्वकालिक और सार्वभौमिक हैं। गाँधी जी ने पश्चिम के अधिकतम लोगों के अधिकतम कल्याण से इतर सबके अधिकतम कल्याण की बात कही है और इसके लिए उन्होंने ग्राम स्वराज और विश्व ग्राम की परिकल्पना की थी। लेकिन, जिस तरह से पूरे विश्व को एक ग्राम के रूप में देखने की कल्पना की गई उसने भारत समेत कई देशों को आज के परिवेश में एक बाजार बना दिया जिसमें जरूरतें पैदा करने की जद्दोजहद ज्यादा है, जबकि गाँधी जी जरूरतें, उपभोग और उसकी आपूर्ति के लिए समाज की सबसे छोटी इकाई गांव को आत्मनिर्भर बनाने की अवधारणा में विश्वास करते थे।

गाँधी जी का आर्थिक चिंतन मौलिक था एवं उसका उद्देश्य लोगों को स्वाबलंबी बनाना था। उन्होंने अनुभव किया था कि अंग्रेजों की शिक्षा नीति ने भारत में बेरोजगारों की एक फौज तैयार कर दी है जिसके समाधान के लिए भगीरथ प्रयास की जरूरत होगी। दूसरी

तरफ वैश्वीकरण ने जहाँ मुनाफे को महत्वपूर्ण बना रखा था वहाँ गाँधी जी ने सबके कल्याण, समाज, संस्कृति, राष्ट्र और मानवता को मजबूत करने की बात कही, जिसे वैश्वीकरण ने लगातार नजरअंदाज किया है। इन सबके बीच गाँधी जी ने ग्राम स्वराज के माध्यम से एक शक्तिशाली वैश्विक समाज की कल्पना की है जो आज की बदली हुई परिस्थिति में न केवल प्रासंगिक है बल्कि आवश्यक भी है और वास्तव में सही वैश्वीकरण का मार्ग यहीं से होकर गुजरता है।

गाँधी जी का चिंतन था कि गांवों को स्वावलंबी बनाया जाये जो सही दिशा में विकास को ले जायेंगे। गाँधी जी बेरोजगारी उन्मूलन चाहते थे जो उस समय की शिक्षा व्यवस्था के कारण बुरी तरह से प्रभावित हुआ था। गाँधी जी जब शिक्षा, बेरोजगारी और ग्राम स्वराज की बात करते हैं तो उनके सामने 7.5 लाख से अधिक गांव थे जो गरीबी से जूझ रहे थे। उनके अभावों को दूर करना भी उनके विचारों का हिस्सा था। इसलिए गाँधी जी ने एक ऐसी तकनीक सबके सामने रखी जो न केवल स्वदेशी थी बल्कि, रोजगारोन्मुख थी। इसलिए ही उन्होंने जनता का परिचय चरखा से कराया। जो इस बात का प्रतीक बन गया कि गाँधी जी ऐसी तकनीक के पोषक थे जो लोगों को स्वावलम्बी और उद्यमी बनाए। चरखे के साथ स्वदेशी और खादी अपने आप जुड़ गए। चरखा जनता को सुपुर्द करने से पहले गाँधी जी यह सुनिश्चित कर लेना चाहते थे कि लम्बे समय से चले आ रहे शोषण के बाद जनता को जो उपकरण उपलब्ध कराया जा रहा है, वह इतना महंगा तो नहीं कि लोगों की पहुंच से बाहर हो। इसके अतिरिक्त औद्योगिक क्रांति के बाद आई मशीनों की तरह इतना उलझन भरा न हो कि लोग इस्तेमाल न कर सकें और इतना उपयोगी हो कि इसको आसानी से प्रयोग किया जा सके।

गाँधी जी ने कहा कि मैं मशीनीकरण का विरोधी नहीं हूँ लेकिन, मै चाहता हूँ कि मशीनों का उपयोग मनुष्य स्वहित में न करे, बल्कि

मशीन का उपयोग मनुष्य के कल्याण को ध्यान में रखकर किया जाये क्योंकि मशीनीकरण और रोजगार का सीधा सम्बन्ध है। जितना अधिक मशीनीकरण होगा, उतनी ही बेरोजगारी में बृद्धि होगी।[1]

मशीनों के उपयोग को जनकल्याण से जोड़ना उनका स्पष्ट मत था। गाँधी जी ने अपने हिन्द स्वराज में कहा है कि सामान्य जन को भी वही सुख सुविधाएं मिलनी चाहिए जो साधन संपन्न व्यक्ति को उपलब्ध हैं और कहा कि जब तक तुम्हें इस बात का पूरा आश्वासन नहीं मिल जाता तब तक किसी भी स्वराज को पूर्ण स्वराज नहीं माना जा सकता है। मृत्यु से पूर्व एक वसीयतनामा लिखते हुए उन्होंने लिखा जो हरिजन सेवक संघ में 22 फरवरी 1948 को छपा भी जिसमें उनका कांग्रेस को लेकर दृष्टिकोण भी शामिल था। लेकिन, जो अन्य महत्वपूर्ण बात उन्होंने कही कि हिंदुस्तान के शहरों, कस्बों और गांवों को सामाजिक, नैतिक और आर्थिक आजादी हासिल करना अभी भी शेष है। इसलिए ही लोकसेवक संघ के निर्माण का निश्चय किया गया था। गाँधी जी ने भारतीय गांवों के सामूहिक विकास और सामाजिक व्यवस्था की बात की जिसमें प्रत्येक नागरिक की सामाजिक सुरक्षा और कल्याण निहित था।

गाँधी जी शिक्षा, बेरोजगारी और ग्राम स्वराज की बात एक स्वर में करते हैं और सिर्फ बात ही नहीं करते बल्कि इसके समाधान का विकल्प भी सामने रखते हैं। उन्होंने परंपरागत उद्योगों को जीवित करने और कुटीर उद्योगों को बढ़ावा देने की बात की लेकिन इन सबके बावजूद वो यह भी जानते थे कि इतना पर्याप्त नहीं होगा और सर्वोदय की बात की जो आज भी न केवल जारी है बल्कि प्रासंगिक भी है। जिस डेमोग्राफिक डिविडेंड की बात हम आज कर रहे हैं गाँधी जी ने लगभग 100 साल पहले उसे कुटीर उद्योगों में इस्तेमाल करके स्वनिर्भर बनाने की बात कही थी और यह उन्होंने करके दिखाया

जब वे स्वयं मोची, स्कैवेंजर, बढ़ई, खानसामा, जुलाहा, किसान और प्राकृतिक चिकित्सा से लोगों का इलाज करते रहे।

गाँधी जी ने उदारवादी अर्थशास्त्र को पुनर्परिभाषित करते हुए इसे उपयोगवाद के नाम से परिभाषित किया। महात्मा गाँधी के अनुसार उपयोगी वह है जिससे मानव जाति का भरण-पोषण हो। भरण-पोषण वह है जिससे मनुष्य को उचित भोजन व कपड़े मिल सकें या जिससे वह नीति के मार्ग पर स्थिर होकर आजीवन श्रम करता रहे।[2]

गाँधी जी का यह मानना था कि किसी भी तकनीक को विकसित किए जाने से पहले यह जानना आवश्यक है कि वह किस तरह से अहिंसा विश्व शांति और विश्व बंधुत्व के लिए उपयोगी है। स्वदेशी के प्रचार के बाद लोग अपने बनाये कपड़ों पर निर्भर होने लगे। इसका एक महत्वपूर्ण पक्ष यह भी है कि इसने जनमानस को नैतिक बल भी प्रदान किया है, न केवल देश के भीतर बल्कि देश के बाहर भी इसका प्रभाव पड़ा।

विकास का कोई भी क्षेत्र हो इसमें सरकारी हस्तक्षेप स्वतंत्र विकास की प्रक्रिया में बाधक होता है। अतः भारत में भी 1993-94 में विकास को गति देने के लिए आर्थिक उदारीकरण के माध्यम से विश्व व्यापारीकरण शुरू किया गया जिसे वैश्वीकरण में भारत की भागीदारी के रूप में स्वीकार किया गया। हालाँकि, वैश्वीकरण मूल रूप से आर्थिक क्षेत्र को व्यक्त करता है लेकिन इसमें मानव के अन्य पहलू भी अछूते नहीं हैं क्या समाज, क्या संस्कृति, क्या मूल्य, क्या संस्कार, क्या अविष्कार, सभी का वैश्वीकरण शुरू हुआ।[3]

वैश्वीकरण शब्द की उत्पत्ति इस प्रकार है -- 'जो विश्व नहीं है, वह विश्व बन जाये, वैसा करना वैश्वीकरण है। ग्लोबलाइजेशन के हिंदी रूपांतरण 'वैश्वीकरण' का अर्थ है पूरे विश्व को समाहित करने वाली प्रक्रिया। एक अन्य मत के अनुसार वैश्वीकरण एक

ऐसी प्रक्रिया है जिससे व्यक्ति अपनी जाति, संस्कृति तथा राष्ट्र के संकीर्ण घेरे से निकल विश्व की सम्पूर्ण मानव जाति के प्रति सापेक्ष व निष्पक्ष मूल्यांकन करने की योग्यता का विकास करता है। इसे हम अंतर्राष्ट्रीय सद्भाव का व्यापक व सुनिश्चित रूप कह सकते हैं। यह एक पारस्परिक विश्वास है जो सभी राष्ट्रों में व्याप्त होता है, जिससे वे विश्व के सभी राष्ट्रों को आर्थिक, सामाजिक व राजनैतिक क्षेत्र में एक दूसरे के समीप लाते हैं।[4]

वैश्वीकरण का सामान्य अर्थ विश्व को एक गांव के रूप में देखना है क्योंकि "ग्लोबल विलेज" की अवधारणा प्राचीन काल में भी विद्यमान थी। पहले भी शक्तिशाली देश अपने राज्यों, साम्राज्यों और आर्थिक गतिविधियों के विस्तार के लिए नए-नए तरीके उपयोग करते थे। मौजूदा वैश्वीकरण एक लम्बी ऐतिहासिक प्रक्रिया का परिणाम है।[5]

वास्तव में वैश्वीकरण उस यात्रा का नाम है जो 19वीं सदी के सातवें दशक में आधुनिकता के परिणामस्वरूप प्रारम्भ हुई थी वैश्वीकरण को यदि आधुनिकता की अभिव्यक्ति के रूप में देखा जाये तो विकास के पहले 50 वर्षो में इसकी गति काफी तेज दृष्टिगोचर होती है। 1870 से 1914 के बीच के समय को उन्मुक्त बाजार या 'अबाध वाणिज्य' के युग की तरह परिभाषित किया जा सकता है। इस समय पूँजी और उसके आवागमन पर कोई कहीं भी बस सकता था और नागरिकता कमोवेश आसानी से मिल जाती थी। बाजार के कारोबार में सरकार का हस्तक्षेप नगण्य था।

मानवता, वैश्वीकरण की प्रारंभिक प्रक्रिया से यद्यपि लाभान्वित हो रही थी लेकिन लाभ का यह स्वरुप असमानता पर आधारित था। योरोप का लाभ हो रहा था लेकिन उस लाभ का अधिकतर हिस्सा उपनिवेशवादी देश हड़प जाते थे। यही वह समय था जब भारत, चीन और इंडोनेशिया जैसे देशों का औद्योगीकरण हुआ। इसके विपरीत वैश्वीकरण की प्रक्रिया के कारण संयुक्त राज्य अमेरिका और कनाडा

जैसे देशों में श्वेत आबादी को लाभ पहुंचाने के लिए औद्योगीकरण तेजी से हुआ जिसके परिणामस्वरूप कारखाना आधारित उत्पादन में प्रत्यक्ष पूँजी निवेश हुआ, प्रौद्योगिकीय और प्रबंधकीय क्षमताओं का असीम विकास हुआ जिससे ये विकसित राष्ट्र कहलाये और लगभग 50 वर्षों के इस दौर में गरीब और अमीर देशों के बीच आमदनी का अंतराल 7:1 से बढ़कर 11:1 हो गया।

यह वैश्वीकरण अपने सार तत्व में विषमता का अर्थशास्त्र साबित हुआ। इसने पूँजी की बेतहाशा खुदगर्जी के साथ मिलकर अनेक देशों को सताया और साथ ही समृद्ध देशों के भीतर भी मंदी के हालात पैदा कर दिए।[6]

इस घटनाक्रम ने 1980 के दशक के मध्य में दुनिया की अर्थ व्यस्थाओं के वैश्वीकरण की भूमिका तैयार की। अपने घरेलू बाजार के संकुचन से पीड़ित विकसित देशों ने अब व्यग्रता पूर्वक नए बाजारों में निवेश के अवसरों की तलाश शुरू कर दी। इसी समय तृतीय विश्व के देशों के आर्थिक मॉडल भी संकट में फंस गए। अब के लिए इन देशों पर दवाब बनाकर इन्हें विदेशी सामान और पूँजी के लिए अपने बाजार खोलने को राजी करना आसान हो गया। इसे ही वैश्वीकरण का नाम दिया गया।[7]

वैश्वीकरण की चर्चा का आरम्भ विश्व ग्राम की परिकल्पना से हुआ था। इस कल्पना के अंतर्गत सारी दुनिया के लोगों की आवश्यकताओं को पूरा करने, सबको एक पारिवारिक सूत्र में बांधने के लिए अनगिनत नई नीतियां और योजनाएं सामने आई हैं। विश्व बैंक, अंतराष्ट्रीय मुद्रा कोष, विश्व व्यापार संगठन जैसी अनेक संस्थाएं एक साथ सक्रिय हुई। इस क्रम में धरती के चप्पे-चप्पे की ऊर्जा और उत्पादक क्षमता का सर्वेक्षण हो चुका है। परिणाम यह है कि विश्व ग्राम धीरे-धीरे हितों के भूमंडलीकरण में बदल गया है। अपने देश के सन्दर्भ में देखें तो 1990 के बाद तेजी से यह देश वैश्वीकरण का लक्ष्य बना है।

वर्तमान परिदृश्य में चल रही वैश्वीकरण की बेलगाम यात्रा जितनी सरल दृष्टिगोचर होती है, वास्तविकता उससे कोसों दूर है, यदि वैश्वीकरण से प्रभावित सम्पूर्ण विश्व के करोड़ों निवासियों के व्यक्तिगत तथा सार्वजनिक जीवन पर विहंगम दृष्टिपात किया जाये तो इस आभासीय (वर्चुअल) वैश्वीकरण की जटिलता तथा उसके करना उत्पन्न दुष्परिणामों को बड़ी सहजता से महसूस किया जा सकता है। अपने चारों ओर के सामाजिक और सांस्कृतिक परिदृश्य को टटोलने पर कई नए शब्द अपनी नई प्रयुक्तियों के साथ सक्रिय मिलेंगे, जैसे- बाजारवाद, उत्तर उपनिवेशवाद, उत्तर आधुनिकतावाद, विश्व बाजार, संरचनावाद, विखण्डनवाद, उपभोक्तावाद, रेडिकलिज्म और ट्रांसमीओलॉजी और न जाने क्या-क्या।

महात्मा गाँधी का कृतित्व और चिंतन वैश्वीकरण के इस दौर में आम आदमी पर मंडराने वाले खतरे से जूझने की ताकत भी देता है। वैश्वीकरण के कारण पूंजीवाद और बाजारवाद के बढ़ते आक्रमणों का सामना करने में गाँधी जी की कथनी और करनी सही मार्गदर्शन करती है। वैश्वीकरण ने बड़े पैमाने पर समाज को विखंडित किया है और शाश्वत मानवीय मूल्यों को समाप्त करने की साजिश की है। मानव उच्च मूल्यों जैसे नैतिकता, सभ्यता, संस्कृति और विरासत को भूलता जा रहा है। सामान्य मानव की वेदना बढ़ती जा रही है, बाजार पर पैनी निगाह रखने वाले सूचना तंत्र के विकास ने प्रत्येक व्यक्ति को एक आर्थिक इकाई में बदल डाला है, वैश्वीकरण के इस दौर में लोग धीरे-धीरे वस्तु का स्वरुप लेते जा रहे हैं। वैश्वीकरण की आदतें मनुष्य को मशीन की तरह निर्जीव बना रही हैं ऐसे में गाँधीवाद एक आशा जगाता है जो स्वराज को महत्वपूर्ण मानता और उपभोग में स्व के स्थान पर, पर को महत्व देता है।

ऐसी स्थिति में महात्मा गाँधी के जीवन दर्शन की दिशाएं रौशनी की लकीर की तरह रास्ता दिखलाती हैं। 1990 के दशक से जिस

वैश्वीकरण की अवधारणा का उद्भव हुआ उसमें गाँधी जी द्वारा वर्षो पूर्व दिए गए सभी सिद्धांत प्रासंगिक प्रतीत होते हैं। गाँधी जी का मूल मंत्र है व्यक्ति, समाज और राष्ट्र में राजनैतिक, सामाजिक और आर्थिक जीवन का विकास नैतिक आधार पर चले। गाँधीवाद सत्य, अहिंसा और नैतिक मूल्यों के आधार पर एक नए भविष्य का प्रारूप व्यक्ति, समाज, राज्य और राष्ट्र और विश्व के सामने प्रस्तुत करता है। वर्तमान में उनके दर्शन, चिंतन व क्रियाकलाप का गहराई से अध्ययन करने की आवश्यकता है तथा उसे आज के परिप्रेक्ष्य में देखने और जोड़ने की जरुरत है। शाश्वत मूल्य कभी भी अप्रासंगिक नहीं हो सकते उसी प्रकार गाँधी के विचार और चिंतन दिन प्रतिदिन अधिकाधिक प्रासंगिक होते जा रहे हैं। अतः गाँधी की प्रासंगिकता शाश्वत और सतत है।

संदर्भ सूची

1. गोपीनाथ, द पोलिटिकल फिलोसोफी ऑफ महात्मा गाँधी, द गाँधी पीस फाउंडेशन, नई दिल्ली, 1990, पृष्ठ 251।
2. पांडेय, प्रदीप कुमार, गाँधी का आर्थिक एवं सामाजिक चिंतन, हिंदी माध्यम कार्यान्वयन निदेशालय, दिल्ली विश्विद्यालय, दिल्ली, 2002, पृष्ठ 51।
3. पंडित मोती लाल जोशी , शिक्षा का वैश्वीकरण, राजस्थान शिक्षक प्रशिक्षण विद्यापीठ, शाहपुरा बाजार, जयपुर, 2012 पृष्ठ 149।
4. पंडित मोती लाल जोशी , शिक्षा का वैश्वीकरण, राजस्थान शिक्षक प्रशिक्षण विद्यापीठ, शाहपुरा बाजार, जयपुर, 2012, पृष्ठ 153।
5. नरेंद्र सिंह, दीपा शर्मा वैश्वीकरण के दौर में भारत, कुरुक्षेत्र प्रकाशन विभाग, पटियाला हाउस, नई दिल्ली जनवरी 2005, पृष्ठ 12।
6. अहमद एजाज, संस्कृति और भूमंडलीकरण, आलोचना, दिल्ली, जुलाई-सितम्बर, 2001।
7. जैन नीरज, वैश्वीकरण या पुनः औपनिवेशीकरण, 2002, गार्गी प्रकाशन, सहारनपुर, पृष्ठ 12।

4

गांधी चिंतन में 'अहिंसा' की अवधारणा

– डॉ. प्रियंका अग्रवाल

अहिंसा अर्थात् हिंसा से परे या हिंसा से दूर रहना, जैसा कि इसके नाम से अर्थ निकलता है, आज के इस युग में लुप्त सी होती दिखाई दे रही है। परन्तु, फिर भी यह एक अतुलित शक्ति है। यह एक महाशक्ति है जो क्रूर से क्रूर हृदय को पिघलाने में सक्षम है। गाँधी ने यंग इण्डिया में लिखा था, ''मेरे लिए अहिंसा केवल एक दार्शनिक सिद्धान्त ही नहीं है, यह मेरे जीवन का ताना-बाना है.........यह दिमाग की चीज न होकर हृदय की चीज है।"

अहिंसा का शाब्दिक अर्थ- अहिंसा अ और हिंसा इन दो शब्दों के मेल से बना है अ का अर्थ रहित तथा हिंसा अर्थात् मारकाट, युद्ध आदि है। इस प्रकार मारकाट से दूर रहना, पशु-पक्षियों पर दया करना, उनका वध न करना, माँस इत्यादि वस्तुओं का परित्याग करना ही अहिंसा कहलाती है। महात्मा गाँधी ने अंहिसा का अर्थ बताते हुए कहा है-''ऐसी हिंसा जिसमें युद्ध तो होता है, परन्तु हथियारों

से नहीं, अच्छाई-बुराई से होता है, जिसमें मनुष्य की मृत्यु नहीं एक नवीन जन्म प्राप्त होता है, 'अहिंसा' कहलाती है, ''गाँधी के अनुसार, ''हिंसा पशु की और अहिंसा मानव की पहचान है''

गाँधी के लिए अहिंसा का अर्थ था, संसार की किसी वस्तु को मनसा, वाचा और कर्मणा क्षति न पहुँचाना। इसका मतलब है, कठोर शब्द न बोलना, कड़ी बात न कहना ईर्ष्या, क्रोध, घृणा और क्रूरता से बचना। इसका खास तौर पर अर्थ है कि किसी भी व्यक्ति यहाँ तक कि शत्रु के प्रति भी बुरे विचार नहीं रखने चाहिए। सकारात्मक दृष्टि से, अहिंसा सर्वशक्तिमान अनन्त और परम ईश्वर का पर्यायवाची है। 'अहिंसा का अर्थ है हिंसा को छोड़ने का प्रयत्न जो जीवन में अनिवार्य है। अहिंसा का लक्ष्य है मनुष्य को शारीरिक बन्धन से छुड़ाना, ताकि वह ऐसी स्थिति प्राप्त कर सके जिसमें नाशवान शरीर के बिना जीवन सम्भव हो[1] 'गाँधी के कथनानुसार अहिंसा से संघर्ष करते समय व्यक्ति को जहाँ तक हो सके इस बात के लिए सावधान रहना चाहिए कि उसके संघर्ष का लक्ष्य पूर्ण सत्य है। यदि संघर्ष के दौरान किसी समय इस बात की आशंका हो कि वह सत्य के पथ से हट गया है, तो उसे अपना अपराध स्वीकार करने में हिचक नहीं होनी चाहिए और संघर्ष से प्राप्त लाभ को छोड़ देना चाहिए जैसा कि गाँधी ने 1922 में अपना अहिंसक आन्दोलन यह कहकर वापस ले लिया था कि उन्होंने एक 'हिमालय जैसी भूल की थी' गाँधी के मतानुसार सत्याग्रही के लिए विजय की अपेक्षा सत्य अधिक मूल्यवान है।

'अहिंसा के बिना सत्य का शोध और उसकी प्राप्ति असम्भव है। अहिंसा और सत्य एक-दूसरे से इस प्रकार गुँथे हुए हैं कि उन्हें पृथक् करना प्रायः असम्भव है। वे सिक्के, बल्कि कहिए कि धातु की चिकनी और बिना छाप वाली चक्रिका के दो पहलू हैं। कौन बता सकता है कि सीधा पहलू कौन-सा है और उलटा कौन-सा? फिर भी अहिंसा साधन है और सत्य साध्य है। साधन वही है जो हमारी

पहुँच के भीतर हो और इस प्रकार अहिंसा हमारा सर्वोपरि कर्तव्य है। यदि हम साधन को ठीक रखें तो देर-सवेर साध्य तक पहुँच ही जाएँगे। एक बार इस मुद्दे को समझ जाएँ तो अन्तिम विजय असन्दिग्ध है।[2]

अहिंसा मानव जाति का नियम है, और यह पशुबल से कहीं अधिक महान तथा श्रेष्ठ है एवं अहिंसा उच्चतम आदर्श है। यह वीरों के लिए है, कायरों के लिए कदापि नहीं। औरों की बलि से लाभ उठाना और इस भ्रम में रहना कि हम बड़े धार्मिक और अहिंसक हैं, केवल अपने को धोखा देना है। आपके पास अहिंसा की तलवार हो तो दुनिया की कोई शक्ति आपको अपनी अधीनता में नहीं ले सकती। यह विजेता और विजित, दोनों का उदात्तीकरण करती है।

विभिन्न धर्मो की दृष्टि में अहिंसा

प्राचीन काल के अनेक ग्रन्थों, पुराणों ने अहिंसा को मानव के लिए उपयोगी तथा लाभप्रद बताया है। प्राचीनतम सनातन धर्म के अनेक महा-पुरुषों ने भी अहिंसा के तेजोवलय का मनुष्य को ज्ञान दिया है। विभिन्न सम्प्रदायों तथा धर्मों ने अहिंसा की उपयोगिता की व्याख्या की है

अहिंसा के प्रबल समर्थक तथा जीवन भर इसका अनुकरण करने वाले गाँधी ने इसे एक महाशक्ति बताया है। बौद्ध धर्म के संस्थापक भगवान गौतम बुद्ध ने अहिंसा के मार्ग पर चलने का निर्देश दिया और अहिंसा के मार्ग को शांति का मार्ग बताया है। इन्होंने अहिंसा में हिंसा के मुकाबले दोगुनी शक्ति बताई है। आज भी बौद्ध धर्म के अनुयायी इसका अनुकरण करते है। इसी प्रकार जैन धर्म में भी हिंसा को एक पाप तथा अहिंसा को सत्य रूपी शक्ति बताया गया है। जैन धर्म में अहिंसा पर अधिक बल दिया गया है और अहिंसा को परम धर्म बताया गया है।[3] ईसाई धर्म के संस्थापक प्रभु ईसा मसीह

द्वारा दिए गए अपने शिष्यों को उपदेश में अहिंसा का व्रत जीवन भर निभाने को कहा गया है विश्व प्रसिद्ध पुस्तक बाइबिल में हिंसा को एक घोर पाप बताया गया है।[4]

इस प्रकार विभिन्न मतों, धर्मावलम्बियों द्वारा इसकी शक्ति की विवेचना की गई है। सब प्रकार से इसकी शक्ति को बहुत अधिक तथा तेजोमय बताया गया है। अतः अहिंसा में अमोघ शक्ति है। यह एक ऐसा शस्त्र है जिसका वार खाली नहीं जाता है।

अहिंसा का रास्ता- अहिंसा संसार के उन महान सिद्धांतों में से है जिसे दुनिया की कोई ताकत मिटा नहीं सकती। इसकी सच्चाई प्रमाणित करने के प्रयास में हजारों लोग मर जाएं, पर अहिंसा कभी नहीं मरेगी। अहिंसा का सिद्धांत उस पर आस्था रखकर उसके लिए बलि हो जाने वाले व्यक्तियों द्वारा ही प्रचारित हो सकता है।

गाँधी जिस अहिंसा की शिक्षा देते थे और जिस पर वे अमल करते थे उसका आधार किसी को कष्ट न देने का भारतीय सिद्धान्त है। नकारात्मक रूप में इसका अर्थ किसी प्राणी को दुर्भावना से, क्रोध स्वार्थवश या चोट पहुँचाने के इरादे से दुःख न देना और उसका जीवन न लेना है। इस प्रकार अहिंसा का अर्थ है- संसार के किसी प्राणी को विचार, शब्द या कर्म द्वारा चोट पहुँचाने से बचाना, जबकि सकारात्मक रूप में अहिंसा गत्यात्मक शक्ति है सकारात्मक रूप में अहिंसा का अर्थ है- प्रेम, यह प्रेम केवल मनुष्यों के लिए ही नहीं बल्कि समग्र सृष्टि के लिए है, फूलों, पौधों, जीवों और जानवरों के लिए भी है। अतः इस रूप में अहिंसा सब जीवों के प्रति सद्‌भावना है।[5]

अहिंसा के मार्ग पर चलने वाले व्यक्तियों और राष्ट्रों को अपनी प्रतिष्ठा के अलावा बाकी सब कुछ बलिदान करने (राष्ट्रों को अपने अंतिम नागरिक की बलि तक) के लिए तैयार रहना चाहिए। अतः अहिंसा का अन्य देशों पर अधिकार कर बैठने अर्थात साम्राज्यवाद,

जो स्पष्टतया अपनी रक्षा के लिए शक्ति के प्रयोग पर आधारित होता है, के साथ कोई मेल नहीं है। अहिंसा ऐसी शक्ति है जिसे सब साध सकते हैं- बच्चे, युवा, स्त्री-पुरूष या प्रौढ़ व्यक्ति। शर्त यही है कि उन्हें प्रेम एवं ईश्वर में जीवित आस्था हो और वे समस्त मानव जाति को एक समान प्रेम करते हों। अहिंसा को जीवन का नियम मान लेने पर यह केवल व्यक्ति के इक्का-दुक्का कृत्यों पर ही लागू न हो बल्कि उसके समूचे व्यक्तित्व को अनुप्राणित करने वाली होनी चाहिए।[6]

अहिंसा की सार्वभौमिकता- अहिंसा धर्म का रूप तभी ले सकती है जब वह सर्वव्यापी हो। यह नहीं हो सकता कि मैं अपने एक काम में अहिंसक रहूं और दूसरे में हिंसक बन जाऊं। यह कहना सरासर गलत है कि अहिंसा का आचरण केवल व्यक्तियों द्वारा किया जा सकता है, राष्ट्रों द्वारा कभी नहीं, जो कि व्यक्तियों के समूह ही हैं। मेरी राय में, अहिंसा किसी भी तरह या किसी भी रूप में, निष्क्रियता नहीं है। अहिंसा, जहाँ तक मैंने इसे समझा है, दुनिया का सबसे सक्रिय बल है.......अहिंसा सर्वोच्च नियम है। गाँधी कहते हैं कि अपने आधी शताब्दी के अनुभव में, मेरे सामने अभी तक ऐसी स्थिति कभी नहीं आई जब मुझे कहना पड़ा हो कि मैं बेबस हूं, कि मुझे कोई अहिंसक उपाय सूझ नहीं रहा है।

विश्व शान्ति, मानव जाति के अस्तित्व, विकास एवं प्रगति हेतु अत्यन्त आवश्यक है। क्विंसी राईट के अनुसार- शान्ति किसी समाज की वह अवस्था है, जिसमें आन्तरिक रूप से इसके सदस्यों तथा बाह्म रूप इसके अन्य समुदायों के साथ सम्बन्धों में व्यवस्था तथा न्याय का बोलबाला हो। विश्वशान्ति का सबसे बड़ा नासूर है- आतंकवाद। आतंकवाद एक ऐसा पेड़ है, जिसकी जडें हैं- विनाश और अशान्ति। आतंकवाद का समाधान गाँधी के अहिंसक दर्शन में ही निहित है।[7]

अहिंसा का विकास- अन्याय और अत्याचार के निवारण के लिए इतिहास में अनेक पद्धतियों का प्रयोग किया जाता रहा है। भगवान गौतम बुद्ध ने मैत्री, करुणा, मुदिता और उपेक्षा की प्रक्रिया से समस्या का विचार समझाया। भगवान महावीर ने अहिंसा वृत्ति से वैर शमन की प्रक्रिया बताई। यहूदी धर्म पुस्तक में लिखा है 'दाँत के बदले दाँत' और 'आँख के बदले आँख'। उस जमाने में उस क्षेत्र में अहिंसा का इतना ही विकास हुआ था कि दाँत तोड़ने या आँख फोड़ने के बदले में जान न ली जाय। उतना ही दण्ड दिया जाय, जितनी की क्षति हुई है। मोहम्मद साहब ने सहन करने और सब्र रखने का संदेश दिया। चोरी के लिए हाथ काटने का प्रावधान इस्लामी कानून में पुराने समय से चला आ रहा था क्योंकि, उस समाज में चेतना का इतना ही विकास हुआ था। तात्पर्य यह कि उस जमाने में तुल्य-हिंसा को मान्य किया गया था। किन्तु बाद में मानव-चेतना में विकास हुआ और ईसा मसीह ने कहा 'बुराई का प्रतिकार मत करो' Resist Not Evil और यदि प्रतिकार करना ही हो तो भलाई से करो। इसलिए उन्होंने कहा था 'यदि तुम्हारे बाएँ गाल पर कोई चांटा मारे तो उसके सामने दायाँ गाल भी कर दो।' उन्होंने यह भी कहा 'दुश्मन से भी अपने जैसा ही प्रेम करो।' अपने प्रेममय जीवन से और अंततः अपने बलिदान से उन्होंने अन्याय-शमन के इस नए तरीके को दुनिया के सामने रखा। उसके बाद गाँधी के जमाने में मानव-चेतना में और ज्यादा विकास हुआ है इसलिए उन्होंने एक बड़े समाज के प्रति किए जा रहे अन्याय के निवारण के लिए सामूहिक-अहिंसा के मार्ग का प्रयोग किया।[8]

अहिंसा बनाम हिंसा- हिंसा और अहिंसा में उसी प्रकार अन्तर है जिस प्रकार विष तथा अमृत में, एक का कार्य मृत्यु है, तो दूसरे का कार्य अमरता है ठीक इसी प्रकार अहिंसा और हिंसा में एक का कार्य मारकाट करना है, तो दूसरे का कार्य शान्ति का प्रयास करना

है। हिंसा द्वारा किसी प्राणी को प्रताड़ित करने के पश्चात् कार्य जबरन कराया जा सकता है परन्तु, अहिंसा द्वारा उसकी भावना ही बदल जाती है और वही कार्य वह सहर्ष करने को तैयार हो जाएगा। इस प्रकार अहिंसा एक ऐसा शस्त्र है जिसमें शक्ति कूट-कूट कर भरी है तथा जिसके द्वारा प्राणियों की मुक्ति सम्भव है। अपने देश को आजाद कराने का मुख्यतः श्रेय पूज्य गाँधी को मिलता है, क्योंकि गाँधी उन महामानवों में से एक थे जिन्होंने अहिंसा के मार्ग पर चलकर अंग्रेजी हुकूमत की नींव उखाड़ फेंकी। क्या गाँधी ने कभी युद्ध किया, गोली चलाई? नहीं, उन्होंने अहिंसा रूपी शस्त्र का सहारा लेकर युद्ध लड़ा और विजयश्री वरण करने का गौरव प्राप्त हुआ।

गाँधी के अनुसार शत्रु को हिंसा से नहीं वरन् अहिंसा से जीतना चाहिए, जिससे उसकी भावना तुम्हारे प्रति कुण्ठित न होकर प्रेम का रूप धारण कर ले। प्रत्येक दशा में अहिंसा की विजय ही सुनिश्चित है। अहिंसा ही एकमात्र ऐसा शस्त्र है जिसके द्वारा हम क्रूर से क्रूर व्यक्ति को हरा सकते हैं, जिस प्रकार भगवान बुद्ध ने बर्बर डाकू अँगुलिमाल का हृदय जीत लिया था और उसे अपना शिष्य बना लिया। इस प्रकार अहिंसा में बहुत अधिक शक्ति है यह एक अतुलित शक्ति से भरपूर शस्त्र है।

गाँधी ने अहिंसा पर अत्यधिक बल दिया, किन्तु उन्होंने स्पष्ट कर दिया था कि उनकी अहिंसा, कायर की अहिंसा नहीं है। उनका कथन था कि "यदि कायरता व हिंसा में उनके समक्ष विकल्प खोजना होगा, तो वह हिंसा को ही स्वीकार करेंगें" अतः गाँधी की अहिंसा सत्य के लिए आग्रह पर बल है। यह आत्मशक्ति, सहिष्णुता, धैर्य आदि आत्मिक बल पर आधारित सृजनात्मक शक्ति का प्रतीक है। गाँधी के देश में, यदि जीवन का हर क्षेत्र संघर्ष पर आधारित हो तो क्या आश्चर्य है?[9]

अहिंसा एक शस्त्र- गाँधी ने अहिंसा को एक शस्त्र की उपमा दी है। उनके अनुसार अहिंसा ही एकमात्र ऐसा शस्त्र था, जिसके द्वारा भारत भूमि को दासता के बन्धनों से छुटकारा मिल सका। अहिंसा एक ऐसा शस्त्र है जो युद्ध भूमि को आपस के प्रेम में बदल देता है, अहिंसा ही वह माध्यम है जो शांति के रास्ते बतलाता है। अहिंसा का शस्त्र जिसके पास है, वह वास्तव में शक्तिशाली है। इस शस्त्र के पास होते हुए अटूट आत्मविश्वास का संचार होता है इस प्रकार हम देखते है कि अहिंसा द्वारा हमें किसी प्रकार का भय लेशमात्र भी नहीं रह जाता है

अहिंसा की शक्ति प्रेम है-प्रतिपक्षी की कल्याण-कामना। पिता जब जान-बूझकर पुत्र से कुश्ती हारता है तो यह पराजय न होकर विजय का ही द्योतक है। अहिंसा धारण करने वाला व्यक्ति न तो जय-पराजय की भावना से ग्रसित होता है और न उसको प्रतिपक्ष की भावना ही पीड़ित करती है। अहिंसा शस्त्र है, किन्तु किसी कायर के द्वारा इसका प्रयोग सम्भव नहीं है। जिसमें आत्मबल हो, सहन शक्ति हो और वार सह कर भी वार करने की इच्छा न रखता हो, वही व्यक्ति अहिंसा रूपी शस्त्र का प्रयोग कर सकता है। यह आत्मवीर का शस्त्र है।

गाँधी सकारात्मक तथा नकारात्मक अहिंसा में विश्वास करते थे। जहां नकारात्मक अहिंसा का संबंध जीव हत्या जैसे हिंसक कर्मो के न करने से है, वहीं सकारात्मक अहिंसा अपने व्यापक रूप में प्रेम, सहृदयता, सहयोग तथा परोपकार की प्रतीक बन चुकी है। सच्ची अहिंसा, सत्य और निर्भीकता पर टिकी हुई है। उसके लिए दृढ़ इच्छा शक्ति एवं अदम्य साहस जरूरी है। अहिंसा के ही कारण कतिपय आलोचक, गाँधी को डरपोक अथवा पलायनवादी की संज्ञा देते हैं, परंतु वे अहिंसा को ऐसी शक्ति मानते थे, जो आत्मबल पर आधारित हो। उनके विचार से कायरता या पलायनवादिता तो हिंसा से भी अधिक निंदनीय है। वे अहिंसात्मक प्रक्रिया को ही विश्व की

सर्वाधिक गतिशील प्रक्रिया मानते थे। राज्यों के कल्याणकारी कार्यों के लिए अहिंसा अत्यंत उपयोगी साधन बताया गया है। अहिंसा और असहयोग सापेक्षिक है। सभी ओर से असफलता प्राप्त करने पर भी मनुष्य अहिंसा रूपी अस्त्र से संघर्ष करता हुआ विजयश्री प्राप्त करता है। हिंसा से हिंसा का जीवन मुश्किल है, परंतु अहिंसा की आत्म शक्ति से हिंसा को पराजित किया जा सकता है। अहिंसा केवल भौतिक क्रियाओं से ही संबंधित नहीं है, अपितु वह छल, प्रपंच आदि को कोई स्थान नहीं देता।[10]

अहिंसा की अवधारणा- अहिंसा की अवधारणा इतनी महत्वपूर्ण है फिर भी इसका प्रयोग गाँधी जैसा प्रत्येक व्यक्ति नहीं कर सकता है। व्यक्ति के स्वार्थ और हित की बात आती है तो वह दूसरों को धोखा देने से नहीं चूकता। इसलिए, अहिंसा का पालन सभी क्षेत्र में नहीं हो सकता क्योंकि समाज के विभिन्न क्षेत्रों में यह किसी न किसी रूप में खण्डित होती दिखाई देती है। अस्तु, अहिंसा श्रेष्ठ धर्म है किन्तु, इसको जीवन में ढालना उतना ही कठिन है।

यंग इंडिया में उन्होंने लिखा कि अहिंसा कायर लोगों का हथियार नहीं है। किसी व्यक्ति को अहिंसा का उपासक तभी समझा जा सकता है, जब शक्तिशाली होते हुए भी वह दूसरे को क्षमा कर दे। अहिंसा की पहली शर्त यह है कि हर कहीं तथा जीवन के प्रत्येक क्षेत्र में न्याय की स्थापना की जाए। इसका तात्पर्य है कि जो व्यक्ति अन्याय को चुपचाप सहन कर लेता है अथवा उसका विरोध नहीं करता, उसे अहिंसक व्यक्ति नहीं कहा जा सकता। ईसा मसीह और राजा हरिश्चन्द्र, महात्मा बुद्ध के उदाहरण से सबक ले सकते हैं कि आज भूमण्डलीकरण, विश्वशांति, राजनैतिक व्यवस्था, उद्योग व्यापार, अव्यवस्था, अराजकता, अशान्ति से निपटने के लिए तथा राष्ट्रों में आपसी मनमुटाव, शस्त्रीकरण-प्रतिस्पर्धा को अहिंसा के द्वारा ही कम किया जा सकता है।

भारत की स्वतंत्रता में अहिंसा का महत्व- अहिंसा के पथ का अनुसरण करते हुए गाँधी के नेतृत्व में अन्ततः इस देश को भी आजादी की सुनहरी प्रभा देखने को मिली। वैसे तो देश को आजाद कराने वालों की संख्या में कमी नहीं थी और हमारे देश में अनेक क्रान्तिकारी थे पर इनमें गरम खून बह रहा था अर्थात् यह सब अंग्रेजों को युद्ध के द्वारा परास्त करना चाहते थे।

परन्तु, गाँधी ने अहिंसा का सहारा लेकर इस देश को स्वतंत्र कराया। अहिंसा के प्रभाव से अंग्रेज गवर्नर अत्यंत भयभीत हो गए थे, जितना वे हिंसा से नहीं डरे थे। वास्तव में भारत की स्वतंत्रता का मुख्यतः श्रेय अहिंसा को दिया जाना चाहिए। क्योंकि, अहिंसा द्वारा ही अंग्रेज बर्बर आक्रांताओं के दिल में आत्मग्लानि उमड़ी थी और अन्ततोगत्वा उन्हें भारत छोड़कर जाना ही पड़ा। सम्पूर्ण भारत में अहिंसा की लहर सी दौड़ पड़ी और लोगों ने समझा कि हिंसा के रास्ते पर चलकर आजादी मिलना कठिन है, परन्तु यदि अहिंसा का रास्ता अपनाया जाए, तो हमें वह दिन दूर नहीं जब आजादी मिले। कहने का तात्पर्य यह है कि अहिंसा के शस्त्र को लेकर जो लड़ाई लड़ी गई उसमें हम सफल रहे। अतः अहिंसा में अद्‌भुत तथा अनुपम शक्ति है और इसका अनुकरण करने वाला भी वास्तव में शक्तिशाली है।

गाँधी के पश्चात् भारतवर्ष में गाँधीवाद, अहिंसा के प्रयोग के रूपों में सामने आया है, जिनमें सन्त विनोबा का सर्वोदय और भूदान व ग्रामदान आंन्दोलन, जयप्रकाश नारायण का सम्पूर्ण क्रान्ति आन्दोलन और दलविहीन राजनीति का सिद्धान्त, राममनोहर लोहिया का सप्त क्रान्ति, चम्बल के बागियों के हृदय-परिवर्तन के प्रयोग, सुन्दरलाल बहुगुणा व चंडी प्रसाद भट्ट का चिपको आन्दोलन, कर्नाटक में पाण्डुरंगा हेगडे का अप्पिको आन्दोलन, मेधा पाटेकर व बाबा आमटे का नर्मदा बचाओ आन्दोलन, अन्ना हजारे का भ्रष्टाचार विरोधी आन्दोलन इत्यादि प्रमुख है।[11, 12]

गाँधी ने अपने अहिंसा के सिद्धांत को बहुत सोच-विचारकर, गहन अध्ययन-मनन करके प्रतिपादित किया था। आज दुनिया के लगभग सभी देशों में जहां आंतकवाद, सामाजिक, धार्मिक, वैचारिक और व्यापारिक स्वार्थ की वजह से खून की नदियां बह रही हैं और अनवरत सामूहिक हत्याओं का सिलसिला रुकने का नाम नहीं ले रहा है, वहां अंततः इसको रोकने के लिए गाँधी और उनके अहिंसा के सिद्धांत को बड़े ही आदर, शिद्दत और एकमात्र विकल्प के रूप में याद किया जा रहा है। आज अमेरिका जैसा देश भी विश्व से आंतकवाद को नेस्तनाबूद नहीं कर पा रहा है। आईएसआईएस के विष-बीज न्यूजीलैंड, फ्रॉस, नीदरलैंड और श्रीलंका तक में निरपराध लोगों की सामूहिक नृशंस हत्याएं कर रहे हैं। इसलिए इस जातीय, धार्मिक वैमनस्यता की संकीर्ण सोच से बाहर निकलना ही होगा। मनुष्य प्रजाति की वास्तविक जाति सिर्फ 'मनुष्य' है और उसका सबसे बड़ा धर्म 'मनुष्यता' और 'इंसानियत'। प्रतिशोध, वैमनस्यता, हत्या, बलात्कार जैसे अवगुणों से बाहर निकल कर गाँधी के बताए अहिंसा के रास्ते पर चलकर ही इस उथल-पुथल से निजात दिलाई जा सकती है। इसलिए गाँधी की प्रासंगिकता न कभी खत्म हुई है, न होगी। जब-जब मनुष्यता हिंसा से दग्ध होगी, तब-तब गाँधी व उनका अहिंसा का सिद्धांत ही मानव कल्याण के लिए याद किया जाएगा।

संदर्भ सूची

1. अहिंसा परमो धर्मः लेखक स्वामी ब्रह्मानन्द, जैन भारती गंगाशहर, 2008।
2. फ्रॉम यर्वदा मंदिरः आश्रम ऑब्जर्वेसेजः एम. के. गाँधी, वी. जी. देसाई द्वारा अनूदित, नवजीवन पब्लिशिंग हाउस, अहमदाबाद, 1933, प्रयुक्त संस्करण 1957।
3. गुप्त, नत्थूलाल जैन-बौद्ध शिक्षण पद्धति, विश्वभारती प्रकाशन, नागपुर, 1985।
4. हक्सले, अलउअस, ''एन्ड्स एण्ड मीन्स", लन्दन 1937।
5. दुबे, कृष्ण, शिक्षा के दर्शन शास्त्रीय आधार।
6. सिंह, रामजी, गाँधी और मानवता का भविष्य, कामॅनवेल्थ पब्लिकेशन, दरियागंज दिल्ली।
7. विश्व शांति एवं अहिंसा (प्रकाशक कर्मयोगी व रवीन्द्र कुमार जैन) अध्यक्ष-तीर्थकर ऋशभदेव जैन विद्धत महासंघ जम्बूद्धीप-हस्तिनापुर मेरठ।

8. मिश्रा, डां. शोभा, रवि महात्मा गाँधी-एक जीवन दर्शन, निकिल पब्लिशर्स एण्ड डिस्ट्रीब्यूटर्स, आगरा 2014।

9. अग्रवाल अलका एवं शिखा अग्रवाल, गाँधी दर्शन: विविध आयाम, पोइंटर पब्लिकेशन, जयपुर, 1999।

10. अहिंसा-मोहनदास करमचंद।

11. द्दागला, एम.सी., आधुनिक युग में गाँधी, गाँधी बुक हाउस, राजघाट नई दिल्ली-1।

12. An alternative Gandhi, the tribune India 22 February 2004.

पत्र-पत्रिकाएँ

- प्रतियोगिता दर्पण, हिन्दी मासिक पत्रिका, आगरा।
- योजना, कुरूक्षेत्र, प्रकाशन विभाग, दिल्ली।
- हिन्दुस्तान व अमर उजाला, दैनिक समाचार पत्र, मेरठ।
- राष्ट्रीय सहारा, दैनिक समाचार पत्र, गाजियाबाद।

5

वैश्वीकरण के दौर में ग्राम रोजगार विकास व गाँधी के आर्थिक-चिन्तन की प्रासंगिकता

शक्ति सिंह

आधुनिक युग में वैश्वीकरण ने चौतरफ़ा अपना प्रभाव छोड़ा है। वैश्वीकरण ने विश्व की सभी संस्कृतियों के तत्वों को नए रूप में परिवर्तित किया है। इन संस्कृतियों के परिवर्तन से जहाँ एक तरफ सकारात्मक प्रभाव हुआ है, वहीं नकारात्मक प्रभाव भी पड़े हैं। वैश्वीकरण का ही प्रभाव है कि ग्रामीण संस्कृतियों में भी बदलाव आए हैं। आज जब विश्व व्यवस्था सिद्धांत ने यह सिद्ध कर दिया है कि लगभग सभी छोटे-बड़े देश एक दूसरे पर निर्भर हुए हैं। यह निर्भरता व्यापार, शिक्षा, रोजगार, आयात-निर्यात, सुरक्षा इत्यादि के रूप में देखी जा सकती है। वहीं भारतीय ग्रामीण अर्थव्यवस्था भी इस वैश्वीकरण के प्रभाव से अछूती नहीं रही है। ग्रामीण अर्थव्यवस्था, जो कभी सामान्य अर्थव्यवस्था और लघु-कुटीर उद्योगों पर निर्भर थी, बदल रही है। आत्मनिर्भरता मिटती जा रही है। ग्रामीण लघु-कुटीर

उद्योग समाप्त हो रहे हैं। लोग रोजगार के लिए प्रवासन का रास्ता देख रहे हैं। ग्रामीण क्षेत्रों से अधिकतर लोग अपने घरेलू विकास के लिए आतंरिक और अंतरराष्ट्रीय रूप से प्रवासित हो रहे हैं। ऐसे में गाँधी का ग्राम रोजगार विकास का चिंतन गांव की अपनी पहचान, अपनी आर्थिक आत्मनिर्भरता के कारण है। यह समस्या, गांवों की अपनी पहचान के मिटने के रूप में बन रही है। ऐसे में आवश्यक है कि गाँधी के आर्थिक चिंतन में गांवों की अपनी आर्थिक आत्मनिर्भरता की पहचान को, वैश्वीकरण के दौर में सुरक्षित और समृद्ध किया जाए। इस समस्या के निवारण के लिए ग्रामीण जन के सहयोग के साथ-साथ सरकारी योजनाओं की संरचना का निर्माण, प्रवासन को रोकने और ग्रामीण अर्थव्यवस्था को समृद्ध करने का संयुक्त प्रयास आवश्यक है।

महात्मा गाँधी का समस्त चिंतन मानवीय कल्याण के लिए रहा। इसलिए रवीन्द्र नाथ टैगोर ने गाँधी को महात्मा की संज्ञा दी। महात्मा गाँधी के चिंतन में आर्थिक चिंतन महत्वपूर्ण रहा। यह आर्थिक चिंतन मुख्यतया ग्रामीण विकास के लिए था। ग्रामीण विकास में रोजगार के लिए गाँधी का चिंतन आज भी प्रासंगिक पाया जाता है। गाँधी मानते थे कि ग्रामीण अर्थव्यवस्था एक सरल और सस्ती व्यवस्था है। ग्रामीण रोजगार में गाँधी लघु-कुटीर उद्योग के बढ़ावे के लिए ज्यादा जोर देते थे। उनका मानना था कि यह रोजगार कई दृष्टिकोण से ग्रामीण स्वरूप, अस्मिता और पहचान को सुरक्षित रख सकता है। ग्रामीण स्वरूप जो कि भारत की मुख्य पहचान है, इसमें बदलाव भारत की पहचान का मिटना है। बदलते समय के साथ गांव की प्रत्येक व्यवस्था और शैली में बदलाव, उसकी पहचान और अस्तित्व को संकट में डाल रहा है। इसलिए गाँधी, ग्रामीण रोजगार के विकास से उसके अस्तित्व को बचाने के लिए आवश्यक समझते थे। यह रोजगार, इन ग्रामीणों को स्वावलंबी बनाएगा, जिससे गांव की सामाजिक-आर्थिक संरचना को सुरक्षित किया जा सकता है। इसके लिए गाँधी ने अपने

विचारों और आंदोलनों के माध्यम से खादी और लघु-कुटीर उद्योग को बढ़ावा देने का सदैव प्रयास किया।

आज ग्रामीण स्थितियां काफी बदल चुकी हैं। इस बदलाव के पीछे वैश्वीकरण और तकनीक अत्यधिक जिम्मेदार हैं। वैश्वीकरण ने विश्व के प्रत्येक सुलभ हो सकने वाली व्यवस्था, व्यापार, खान-पान, पहनावा, अत्याधुनिक साधन, यातायात, ज्ञान-विज्ञान इत्यादि ने प्रत्येक देश को प्रभावित किया है। वहीं इसको गति देने का काम आधुनिक तकनीक ने किया है। जहाँ इसका प्रभाव सभी चीजों पर भौतिक विकास के रूप में देखा जा सकता है। इसका प्रभाव बदलाव के रूप में मनुष्य पर भौतिक और अभौतिक दोनों ही रूपों से पड़ा है। इस परिस्थितियों ने सभी को आर्थिक वैभव और सम्पन्नता के रूप में गतिशील होने के लिए प्रेरित भी किया है। लोग अपने आर्थिक विकास के लिए तेजी से बड़ी संख्या में प्रवासित हो रहे हैं। यह गतिशीलता वर्तमान समाज को जटिल समाज में तेजी से परिवर्तित कर रही है। इस गतिशीलता से आज ग्रामीण समाज भी अछूता नहीं रह गया है। ग्रामीण सामाजिक-आर्थिक संरचना में परिवर्तन, ग्रामीण रोजगार का ह्रास होना और लोगों का लगातार शहरों की तरफ प्रवासित होना, गांव की पहचान और अस्तित्व को मिटाता जा रहा है। इसलिए यह समझना आवश्यक है कि वर्तमान स्थितियों ने कैसे और किस प्रकार ग्रामीण व्यवस्था को प्रभावित किया। इसके अतिरिक्त ग्रामीण व्यवस्था की आर्थिक निर्भरता को कैसे सुरक्षित और संरक्षित करने का पूरा प्रयास किया जा सकता है। वहीं ग्रामीण कुटीर व्यवसायों का पुनरुत्थान कैसे किया जाए। आज भी गांव की आर्थिक निर्भरता में गाँधी के आर्थिक चिंतन की प्रासंगिकता महत्वपूर्ण है।

वैश्वीकरण

वैश्वीकरण के वर्तमान दौर में सामाजिक परिवर्तन की गति काफी तीव्र है। लगभग गत तीन दशकों से प्रचलन में आया 'वैश्वीकरण'

शब्द आज पूरे विश्व में एक ऐसी आंधी है जिसने आधुनिकता एवं उत्तर-आधुनिकता को भी मात दे दी है। प्रारम्भ में आर्थिक सन्दर्भ में प्रयुक्त वैश्वीकरण की अवधारणा एल.पी.जी. अर्थात उदारीकरण, निजीकरण, एवं वैश्वीकरण की त्रयी का अंतिम एवं महत्वपूर्ण भाग बनी थी। बाद में जल्दी ही वैश्वीकरण की प्रक्रिया ने अपना स्वायत्त रूप ऐसा बनाया कि उसके दखल ने राजनीति, संस्कृति, समाज, तकनीकी, सूचना-तकनीकी, संचार-मीडिया, धर्म-संस्कार आदि को भी प्रभावित किया एवं इन सभी से वैश्वीकरण की प्रक्रिया प्रभावित भी होने लगी। अब तो सर्वत्र विश्व गांव, विश्व नगर, विश्व दृष्टि, विश्व दिवस, विश्व बाजार आदि अनेक संदर्भ हैं जिनमें विश्व विश्लेषण लगाने से वैश्वीकरण की प्रक्रिया का परिणाम परिलक्षित होता है। पूरा संसार ही उत्पादक एवं उपभोक्ता बनता हुआ प्रतीत होता है। इसका आधार सूत्र तो हमें हमारे उपनिषदों में मिलता है जहाँ उदारवादी दृष्टि वाले व्यक्ति के लिए पूरा संसार ही एक कुटुंब के समान कहा गया है। इसमें व्यक्तिवादी धारणा के स्थान पर सामूहिक धारणा ऐसी है जिसमें स्थान, क्षेत्र, देश, राज्य आदि की कोई सीमा अपना प्रभाव नहीं रखती है। किन्तु वर्तमान संदर्भ में वैश्वीकरण कुछ और ही अर्थ एवं भावार्थ पर आधारित है।

वैश्वीकरण उस वृहद् प्रक्रिया का नाम है जिसके द्वारा सम्पूर्ण विश्व के देशों या समाजों के सामाजिक संबंधों एवं उसकी अन्तर्निर्भरता को गहराई से समझने में एक नई पहचान कायम की जा सके। वैश्वीकरण की इस प्रक्रिया को प्रारम्भ तो किया विविध देशों में खोले गए सुपर मार्केटों ने, जहाँ पर दुनिया भर के कई देशों में चलने वाले सामानों की बिक्री इसलिए होने लगी कि अंतरराष्ट्रीय स्तर पर प्रतिस्पर्धा ने जोर पकड़ा एवं गुणात्मक उत्पादों के लाने में एक से एक वस्तुएं सामने लाई गई जिसे ग्राहकों-उपभोक्ताओं ने पसंद किया। इसी प्रकार आज के बाजारों में सैकड़ों देशों के उत्पाद एक साथ बिक्री के लिए

उपलब्ध हो जाते हैं। नए से नए उत्पाद आने लगे हैं जो कुछ वर्षों पूर्व अस्तित्व में ही नहीं थे। इस वैश्वीकरण ने संसार को देखने का तरीका बदला है एवं साथ ही, जिस तरीके से हम संसार को देखते हैं, उसे भी बदल दिया है। वैश्वीकरण तो एक परिप्रेक्ष्य या नजरिया देता है कि हम दुनिया के अन्य समाजों के साथ कैसे संबंध रखें एवं क्रिया करें। विश्व के किसी भी क्षेत्र की समस्याएँ हमारे जीवन को प्रभावित कर सकती हैं। अतः वैश्वीकरण ऐसे नए विश्व परिदृश्य को स्थापित करता है जिससे आर्थिक, राजनैतिक, सामाजिक, धार्मिक आदि सभी संस्थागत क्षेत्रों में तीव्र बदलाव एवं विश्व समाजों की बढ़ती अंतनिर्भरता दिखाई देती है। इस वैश्वीकरण के प्रभाव से सामाजिक-सांस्कृतिक संरचना में भी तेजी से बदलाव आता जा रहा है। वैश्वीकरण और आर्थिक उदारीकरण ने स्थानीय धंधों व स्वदेशी उत्पादन को बड़ी ठेस पहुंचाई है।

वैश्वीकरण के प्रभाव ने ही विश्व व्यवस्था सिद्धांत को जन्म दिया। इस सिद्धांत को वैलरस्टाइन (1974) ने दिया जिसमें यह बताया कि आर्थिक निर्धारकों को विश्व बाजार के संरचनात्मक परिवर्तनों से जोड़ता है और प्रवासन को विभिन्न अर्थव्यवस्थाओं की एक दूसरे पर बढ़ती निर्भरता और उत्पादन के नए स्वरूपों का उभार यानि वैश्वीकरण की परिघटना के एक प्रकार्य के रूप में देखता है। निर्यातोन्मुखी विनिर्माण का प्रसार और कृषिगत वस्तुओं का निर्यात विकसित अर्थव्यवस्थाओं से अर्धविकसित या विकासशील अर्थव्यवस्थाओं की ओर होने वाले प्रत्यक्ष विदेशी निवेश प्रवाह के साथ मजबूती के साथ जुड़ गया है। जिसके कारण पारंपरिक कार्यप्रणाली और उसकी संरचनाओं का क्षरण हुआ और इसने नए जनसंख्या समूहों को क्षेत्रीय या लम्बी दूरी के प्रवासनों के लिए गतिमान कर दिया है। इस प्रकार विश्व व्यवस्था सिद्धान्तकारों के लिए पूंजीगत गतिशीलता एक महत्वपूर्ण कारक है। इसका प्रभाव ग्रामीण

रोजगार की परम्परागत व्यवस्थाओं पर भी पड़ा। इस कारण ग्रामीण क्षेत्रों में बेरोजगारी और निर्धनता ने जन्म लिया जिससे ग्रामीण प्रवासन रोजगार की तलाश में होना तेजी से प्रारंभ हुआ।

ग्रामीण प्रवासन और कारण

भारत में आर्थिक गतिविधियों में बदलाव, कम विकास वाले राज्यों के तुलनात्मक रूप से, आर्थिक रूप से धनी राज्यों के आय और रोजगार के अवसरों की तलाश में ग्रामीण से लेकर शहरी क्षेत्र तक में जनसंख्या के महत्वपूर्ण प्रवास गतिविधि को अनुभव किया गया है। अपने परिवार के सामाजिक-आर्थिक विकास के लिए लोग, ग्रामीण या शहरी क्षेत्रों से आतंरिक या अंतरराष्ट्रीय प्रवास का निर्णय लेते हैं। बदलते आर्थिक परिवेशों ने ग्रामीण क्षेत्र में उपलब्ध विभिन्न रोजगार के अवसरों को लगभग खत्म कर दिया है। वहीं प्राकृतिक कारण से कृषि में उपज की हानि, लघु रोजगार का मिटते जाना, रोजगार परक शिक्षा की कमी इत्यादि, ग्रामीण प्रवासन के मुख्य कारण हैं। ग्रामीण प्रवासन का मुख्य कारण रोजगार अवसरों की अनुपलब्धता है। अब तक की सरकारी योजनाएं भी ग्रामीण बेरोजगारी को दूर कर पाने में असमर्थ रही हैं। गैर-सरकारी संस्थाए भी ग्रामीण रोजगार के लिए काम से ज्यादा दिखावा करती हैं। जिसकी वजह से ग्रामीण क्षेत्रों में बेरोजगारी और प्रवासन होना जारी है। ग्रामीण क्षेत्र में रोजगार के अवसरों की कमी, बेरोजगारी और निर्धनता को जन्म दे रही है।

देश की ग्यारवीं राष्ट्रीय विकास योजना के अनुसार, भारत में निर्धनों की संख्या तीस करोड़ से अधिक है। देश में निर्धन व्यक्तियों का अनुपात वर्ष 1973 के 55% से घटकर 2004 में लगभग 27% तक हुआ है, लेकिन अब भी 1.2 अरब से अधिक जनसंख्या के लगभग एक तिहाई लोग निर्धनता की रेखा से नीचे जीवनयापन कर रहे हैं और निर्धनों में बहुत बड़ी संख्या ऐसे लोगों की है जो ग्रामीण

क्षेत्रों में रहते हैं। भारत की ग्रामीण जनसंख्या का लगभग 30% निर्धनता की जीर्ण स्थिति में है। विगत तीन दशकों से अधिक अवधि में ग्रामीण क्षेत्रों से लोग अन्य शहरों में प्रवासित हो रहे हैं। हालांकि ग्रामीण क्षेत्रों से अधिकतर लोग प्रवासित होकर शहरों में रोजगार कर रहे हैं और उन्होंने अपनी बेरोजगारी व निर्धनता को दूर किया है किन्तु, ग्रामीण समाज की अपनी कृषि और स्वरोजगार आधारित पहचान और संस्कृति अवश्य हाशिए पर आ गई है। इस परिवर्तन के पीछे वैश्विक आर्थिक और सांस्कृतिक बदलाव का नतीजा है जिससे आज भारतीय पहचान का तत्व ग्रामीण समाज, की पहचान पूरी तरह बदलती जा रही है।

इससे यह मौलिक प्रश्न खड़ा होता है कि ग्रामीण लोगों के लिए हमें कार्य के ऐसे वैकल्पिक संसाधनों को खोजना चाहिए जो कि ग्रामीण गरीबी एवं बेरोजगारी की जुड़वाँ समस्या का समाधान कर सकें। वहीं कृषि और लघु व्यवसाय आधारित पहचान को वापस लाया जा सके। जब तक कि ग्रामीण क्षेत्रों में संरचनात्मक समायोजन एवं बुनियादी ढ़ांचे संबंधी विकास के कार्यक्रम एवं सुधारों को प्रारंभ नहीं किया जाता, लक्षित आर्थिक एवं सामाजिक उद्देश्यों को प्राप्त नहीं किया जा सकेगा। इसलिए आवश्यक है कि ग्राम का विकास गाँधी के आर्थिक चिंतन पर आधारित हो, जिससे ग्राम की अपनी पहचान और आर्थिक निर्भरता को जीवित रखा जा सके।

ग्राम रोजगार विकास एवं गाँधी का आर्थिक चिंतन

गांवों की अनेकानेक समस्याओं ने वहां के संतुलित जीवन में बाधा पैदा की है और ग्रामवासियों की प्रगति के मार्ग को अवरुद्ध किया है। नगरीकरण, औद्योगीकरण एवं अनेक आधुनिक शक्तियों के संघात के कारण नगरों की समस्याओं ने ग्रामों में भी प्रवेश कर लिया है। जो भारतीय ग्राम कभी लघु गणतंत्र एवं आत्मनिर्भर अर्थव्यवस्था वाले

समुदाय माने जाते थे, वे वर्तमान में अभावों से ग्रस्त हैं। ग्राम जीवन पहले निश्चलता, सरलता एवं सादगी का प्रतीक था, किन्तु आज उसकी स्थिति ऐसी बन गई कि एक व्यक्ति अपने को ग्रामीण कहने में हीनता महसूस करता है। इसका कारण यह है कि वह अशिक्षा, गरीबी, अज्ञानता, अन्धविश्वास और रूढ़िवादिता के गढ़ समझे जाते हैं। ग्रामों को उनकी आर्थिक, सामाजिक, राजनीतिक एवं सांस्कृतिक समस्याओं से मुक्ति दिलाकर पुनः एक सुव्यवस्थित एवं संगठित ग्रामीण समाज की रचना कर ग्रामीण पुनर्निर्माण करना होगा। स्वतंत्रता प्राप्ति के बाद गांवों का कायाकल्प करने के लिए अनेक योजनाएं बनायी गयीं, गांवों के उत्थान और विकास के लिए सरकारी व गैर सरकारी स्तर पर अनेक प्रयास किये गये, क्योंकि भारत की प्रगति ग्रामों की प्रगति के साथ बंधी हुई है। ग्रामीण पुनर्निर्माण का कार्य एक अहिंसावादी योजना है। महात्मा गाँधी ने ग्राम स्वराज्य की अवधारणा प्रस्तुत की थी और ग्रामीण पुनर्निर्माण के द्वारा उसी कल्पना को साकार करने का प्रयास किया। महात्मा गाँधी ग्राम रोजगार विकास में प्रोत्साहन देते हुए कहते हैं कि "खादी के मुकाबले गांव में चलने वाले और गांव के लिए जरुरी दूसरे धंधों की बात अलग है। उन सब धंधों में अपनी राजी-खुशी से मजदूरी करने की बात बहुत उपयोगी होने जैसी है। फिर भी उनमें से हर एक धंधा या उद्योग ऐसा है, जिसमें एक खास तादात में लोगों को मजदूरी मिल सकती हैं। इसलिए ये उद्योग खादी के मुख्य काम में सहायक हो सकते हैं। किन्तु, खादी के अभाव में उनकी कोई हस्ती नहीं और उनके बिना खादी का गौरव या शोभा नहीं। हाथ से पीसना, हाथ से कूटना, साबुन बनाना, माचिस बनाना, मोमबती बनाना, कागज बनाना, चमड़ा कमाना, तेल पेरना और इस तरह के सामाजिक जीवन के लिए जरुरी और महत्त्व के दूसरे धंधों के बिना गांवों की आर्थिक रचना सम्पूर्ण नहीं हो सकती, यानि गांव स्वयंपूर्ण घटक नहीं बन सकते। ग्रामीण लोग इन सब धंधों में दिलचस्पी लें और इन सब धंधों में नई जान फूंके। हर एक आदमी

को, हर हिन्दुस्तानी को इसे अपना धर्म समझना चाहिए कि जब जहाँ मिले, वहां वह हमेशा गांव की बनी चीजें ही उपयोग में लाए। अगर ऐसी चीजों की मांग पैदा हो जाए, तो इसमें जरा भी शक नहीं कि हमारी ज्यादातर जरूरतें गांवों से पूरी हो सकती हैं। जब हम गांवों के लिए सहानुभूति से सोचने लगेंगे और गांवों की बनी चीजें हमें पसंद आने लगेंगी, तो पश्चिम की नकल के रूप में यंत्रों की बनी चीजें हमें नहीं जचेंगी।" गाँधी का यह वक्तव्य स्पष्ट करता है कि ग्रामीण समाज की साख और आर्थिक निर्भरता के लिए लघु कुटीर उद्योगों को समृद्ध करना होगा। ग्रामीण पुनर्निर्माण से ग्रामीण समाज का भौतिक, मानसिक, आध्यात्मिक, सामाजिक एवं आर्थिक विकास किया जा सकता है। इस योजना के द्वारा उन्हें आत्मनिर्भर, आत्मविश्वासी, आत्माभिमानी बनाकर सतोष प्रदान किया जा सकता है।

निष्कर्ष एवं सुझाव

ग्रामीण समाज सदैव ही अपनी आत्मनिर्भरता के लिए जाना जाता रहा है। यह आत्मनिर्भरता प्रत्येक क्षेत्र में ग्रामीण समाज में व्याप्त थी किन्तु, वैश्वीकरण के कारण ग्रामीण समाज की आत्मनिर्भरता को चोट पहुंची है। महात्मा गाँधी सदैव कहते थे कि इस देश की आत्मा गांवों बसती है। महात्मा गाँधी हमेशा से यह जानते थे कि यदि इस देश को समृद्ध होना है तो अपने गांवों को सदैव आत्मनिर्भर बनाए रखना होगा। गांव की आर्थिक आत्मनिर्भरता के लिए गाँधी का मानना था कि ग्रामीण लोग अपनी कृषि से जुड़े रहें, लघु कुटीर उद्योग में सबकी भागीदारी हो, और कुटीर उत्पादों का ग्रामीण जन सहित नगरों द्वारा भी उपयोग किया जाए। जिससे गांव की आर्थिक आत्मनिर्भरता सुरक्षित रहे। ग्रामीण क्षेत्रों के कुटीर उद्योग के विकास से ग्रामीण जन आत्मनिर्भर होंगे और उनके समक्ष रोजगार का संकट उत्पन्न नहीं होगा। किन्तु, बदलते आर्थिक परिवेश ने ग्राम समाज के सामाजिक-आर्थिक देशज ज्ञान परम्परा को क्षतिग्रस्त किया है। इस

स्थिति में कृषि योग्य भूमि का भी उपयोग धीरे-धीरे समाप्त होता जा रहा है। ग्रामीण समाज में रोजगार के अवसर समाप्त होते जा रहे हैं। लोग प्रवासित होने के लिए मजबूर हो गए हैं। यद्यपि ऐसा ही चलता रहा तो गांव अपनी कुरूप अवस्था में आ जाएंगे जिसका न ही ग्रामीण परिवेश में स्थान होगा न ही नगरीय। इसके साथ ही कई प्रकार की सामाजिक-सांस्कृतिक विसंगतियां जन्म लेना प्रारंभ कर देंगी। ग्रामीण साख को इस स्थिति से सुरक्षित करने के लिए ग्रामीण जन के सहयोग के साथ-साथ सरकारी योजनाओं की संरचना का पुनर्निर्माण, प्रवासन को रोकने और ग्रामीण अर्थव्यवस्था को समृद्ध करने का संयुक्त प्रयास आवश्यक है। इसके लिए निम्न सुझाव प्रस्तावित हैं:

ग्रामीण क्षेत्र में सरकारी योजनाओं के सहयोग द्वारा लघु कुटीर उद्योगों को खोला जाए जिसमें सामग्री का निर्माण क्षेत्र विशेष के आधार पर निर्मित किया जाए, जिससे उस क्षेत्र में निर्मित पदार्थ की बिक्री अधिक हो।

सरकारी योजनाओं के सहयोग से ग्रामीण क्षेत्र में लघु कुटीर उद्योग को बड़े पैमाने पर खोले जाए अथवा खुलवाने में सहायता की जाए। साथ ही कुटीर उद्योग के अंतर्गत निर्माण के अत्यधिक सामग्री के विकल्प की जानकारी व कौशल प्रदान किया जाए।

कारीगरों को हस्त निर्माण कार्य की उदासीनता से बचाने के लिए मध्यम श्रेणी की मशीनों का प्रयोग किया जाए। ग्रामीण क्षेत्र के परिप्रेक्ष्य से रोजगार हेतु युवाओं के कौशल का निर्माण सरकारी हस्तक्षेप द्वारा मुहैया कराया जाए।

ग्रामीण क्षेत्र में जैविक कृषि खाद निर्माण, मत्स्य पालन, मुर्गी पालन, अंडा उत्पादन उद्योग, दुग्ध उत्पादन इत्यादि जैसे सीमित बजट के उद्योग के लिए युवाओं को प्रोत्साहित किया जाना

चाहिए। साथ ही, इन निम्न उद्योगों के लिए बैंकों द्वारा न्यूनतम ब्याज पर पैसे मिलें व सरकारी योजनाओं के सहयोग से उत्पादित वस्तुओं की बिक्री के लिए बाजार मुहैया कराया जाना चाहिए।

कृषि के क्षेत्र में रोजगार के असीम संभावनाओं को तलाशा जाए, कृषि के क्षेत्र में विशेष उपज के लिए किसानों को जानकारी मुहैया कराया जाए और नई तकनीक के उपकरण, उन्नत किस्म के बीज और जैविक खाद उपलब्ध कराया जाए जिससे कृषि के उत्पादन को और बढ़ाया जाए। साथ ही अच्छे उपज मूल्य की सुनिश्चितता के साथ विपणन हेतु निकट बाजार अथवा हाट खोले जाए।

संदर्भ सूची

आहूजा, राम. (2016). सामाजिक समस्याएं. जयपुर: रावत पब्लिकेशन।

गाँधी, मो. क. (2011). ग्राम स्वराज्य. अहमदाबाद: नवजीवन प्रकाशन मंदिर।

गाँधी, मो. क. (2015). हमारे गाँवों का पुनर्निर्माण. अहमदाबाद: नवजीवन प्रकाशन मंदिर।

त्रिवेदी, काशीनाथ. (अनु.). (2014). रचनात्मक कार्यक्रम: उसका रहस्य और स्थान. अहमदाबाद: नवजीवन प्रकाशन मंदिर।

दोषी, एस. एल. (2015). आधुनिक समाजशास्त्रीय विचारक. जयपुर: रावत पब्लिकेशन।

पाठक. राचन्द्र. (2009). सामाजिक समस्याएं. वाराणसी: विजय प्रकाशन मंदिर।

मिश्र, गिरीश्वर. (2017). होने और न होने का सच. दिल्ली: अनन्य प्रकाशन।

योजना आयोग. (2001). रिपोर्ट ऑफ दी स्टडी ग्रुप आन डेवलपमेंट ऑफ स्माल स्केल एंटरप्राइजेज. नई दिल्ली: भारत सरकार।

वैलरस्टाइन, आई. (1974). द माडर्न वर्ल्ड सिस्टम: कैप्टिलिस्ट एग्रीकल्चर एंड दी ओरिजिनस ऑफ दी योरोपियन वर्ल्ड इकोनोमी इन द सिक्सटीन्थ सेंचुरी. न्यूयार्क: एकेडमिक प्रेस।

सिंह, एस. के. (2015). डायनेमिक ऑफ इंटरनल एंड इंटरनेशनल माइग्रेशन: एविडेंस फ्रॉम विलेजेज ऑफ मिडिल गैंगटिक प्लान इंडिया. जर्मनी: लैप लेम्बर्ट एकेडमिक पब्लिकेशन।

सिंह, शिवबहाल. (2014). विकास का समाजशास्त्र. जयपुर: रावत पब्लिकेशन।

6

महात्मा गाँधी के विचार, ग्रामीण विकास एवं अर्थ व्यवस्था

– मधु जैन

भारत वर्ष में युगों पुरानी कहावत है– "सा विद्या या विमुक्तये" अर्थात्, जो मुक्ति दे वही सच्ची विद्या है, भारतवर्ष सदैव ग्रामों का देश माना जाता है और उद्योग आधारित शिक्षा, गाँधी जी का प्रिय विषय थी। 1904 में एक शाम जब गाँधी जी जोहान्सवर्ग से डर्बन की रेलगाड़ी पकड़ रहे थे तब एक मित्र ने उन्हें रस्किन की पुस्तक "UNTO THIS LAST" (अन टू दिस लास्ट) भेंट स्वरूप दी, उन्होंने रात भर जाग कर यह पुस्तक पढ़ी।[1] वे इस पुस्तक से इतने प्रभावित हुए कि उसे अपने जीवन में उतारने को आतुर हो गए। इस पुस्तक के अनमोल वचन–"*श्रम का जीवन अर्थात खेत जोतने वाले और कल कारखानों में काम करने वालों का जीवन श्रेष्ठ है।*"[2] श्रम का अधिकतम प्रभाव गाँधीजी पर पड़ा। शिक्षा के सन्दर्भ में भी गाँधीजी के विचार थे कि किताब ज्ञान और उद्योग ज्ञान साथ-साथ मिलने चाहिए, उनके अनुसार उद्योग प्रधान शिक्षा बालक के सामाजिक, आर्थिक, शारीरिक एवं नैतिक विकास के लिए आवश्यक है। ऐसे

ज्ञानार्जन से बालक व्यक्तिगत रूप से स्वार्थी ना बनकर श्रम की महत्ता को समझेगा।

आज जब समाज भौतिकवादी संस्कृति, औद्योगिकीकरण के दौर से गुजर रहा है तो हम पाते है कि, निष्पक्ष व्यापार, नैतिक व्यापार, एवं सामाजिक उद्यमिता की भावना को विकसित किया जाए, आज का व्यक्ति स्वार्थ लोलुप हो, अनुचित व्यापार को व्यवहार में ला रहा है, इसे रोकने के लिए किसी कानून की नहीं बल्कि वैचारिक परिवर्तन की जरूरत है। वैचारिक परिवर्तन किसी एक बदलाव का परिणाम नहीं बल्कि कई व्यक्तियों के सही दृष्टिकोण, सही आचरण एवं कर्म प्रतिबद्धता का परिणाम होगा और इस वैचारिक परिवर्तन को लाने के पीछे भी दूरदर्शिता, विचारों की सुस्पष्टता एवं अधिकारिक नेतृत्व की आवश्यकता होती है तभी श्रम के महत्व को प्रतिपादित करने वाला एक सिद्धांत, समाज के समक्ष दृष्टिगोचर होगा। समाज के बड़े वर्ग को दिशा देने का कार्य यदि सुव्यवस्थित रूप से किया जाए तो आज भी भारतवर्ष में खेती के बाद द्वितीय सबसे बड़ी रोजगार देने वाली कोई इकाई है तो वह है हथकरघा, जो हमारे देश के ग्रामीणों को रोजगार प्रदान करने में सहायक तो है ही साथ ही शारीरिक श्रम के कारण स्वास्थ्यकर भी होती है।

ग्रामीण अर्थव्यवस्था में सहयोगी, कुटीर उद्योग, लघु उद्योग एवं ग्रामीण जन को स्वावलम्बी बनाने के लिए खादी एवं ग्रामोद्योग, गाँधीजी के सिद्धांतों को अपनाते हुए लागू कर रहा है जिसका फायदा, अंतिम छोर तक बैठा व्यक्ति उठा रहा है। वर्तमान दौर में भी गाँधीजी के विचार प्रांसगिक हैं वे कहते थे, कठोरतम धातु भी अपेक्षित ताप पाकर पिघल जाती है। इसी प्रकार, कठोरतम हृदय भी अंहिसा की अपेक्षित ताप से पिघल जाना चाहिए, और ताप पैदा करने की अहिंसा की क्षमता अपरिमित है क्योंकि अंहिसा एक विज्ञान है। विज्ञान के शब्दकोश में असफलता का कोई स्थान नहीं होता।[3]

गाँधीजी की अंहिसा का अर्थ दुर्बलता या कायरता नहीं बल्कि अहिंसक को अपने पद में बने रहने के लिए अधिक आत्मबल की जरूरत होती है। मनसा, वाचा, कर्मणा अहिंसा का मतलब है, अहिंसक, किसी का बुरा ना सोचे, सहिष्णुता करे और भौतिक सम्पदा इतनी न करे कि निर्धन का शोषण हो। अहिंसा का पालन मानव को न केवल श्रेष्ठ आचरण की ओर बढ़ाता है बल्कि एक संपूर्ण व्यक्तित्व की ओर भी ले जाता है जहाँ उसके चरित्र की दृढ़ता उसके गुणों की शुद्धता उसके निर्दोष व्रत पालन के अनुज्ञा करते हैं और उसे हमेशा सद्मार्ग पर चलने के लिए प्रेरित करते हैं। सीमित आवश्यकताएँ, नैतिक व्यापार, स्वार्थ लोलुपता की कमी, दूसरे के प्रति सहयोगात्मक रवैया घोतक है, एक स्वस्थ समाज के विकसित प्रगतिशील विचार धारा का, जिसमें समभावी, समपोषित, मानसिकता समाहित होती है।

ऐसे सिद्धांतो से गाँधीजी, एक स्वस्थ विचारधारा, अनुशासन एवं समप्रिय व्यक्ति के रूप में एक मानव को देखना चाहते थे। श्रमहीन व्यक्ति ना तो स्वयं का भला कर सकता है, ना समाज का। और भारत को समृद्ध राष्ट्र के रूप में विकसित करने का अर्थ, भारत की मूलभूत इकाई गाँव को माना है, जो अपनी मूलभूत आवश्यकताओं के लिए आत्मनिर्भर हो, एवं अपनी समस्याओं का निराकरण भी स्थानीय स्तर पर कर सके। आज का विकास उपभोक्तावाद को बढ़ावा देता है, आम आदमी और छोटी इकाईयों को पराश्रित एवं कमजोर बनाता है और साथ ही सामाजिक मूल्यों में गिरावट भी लाता है। गाँधी जी के रामराज्य की परिकल्पना में, एक न्यायोचित शोषणमुक्त समानता और स्वंतत्र समाज की कल्पना की थी। गाँधीजी ने राष्ट्र को सगंठित किया, और उनके संगठन में परिवारवाद की भावना थी।

गाँधीजी ने वह सिद्धांत प्रतिपादित किए जो मूलभूत सौन्दर्य थे, भौतिकवादी नहीं थे। भौतिकवादी सिद्धांतों की बात हम करें तो वह प्रतिस्पर्धा और स्वार्थपरायणता को बढावा देते हैं, जबकि

गाँधीजी के सिद्धांतो के अनुसार शोषण रहित व्यवस्था, समता पर आधारित वर्गविहीन समाज, कर्तव्यपरायण, आत्मविश्वासी, समाज सेवी, कुल मिलाकर एक व्यक्ति के पास हो-"आत्मावलम्बी स्वस्थ सयंत व्यक्तित्व"। यही उनका मूल वृक्ष है और अन्य सारे रचनात्मक कार्यक्रम उस वृक्ष के पत्ते रूप में ही दृष्टिगोचर हैं। व्यवसाय की बात करें तो गाँधीजी विकास की अवधारणा के विरूद्ध थे, जिसका लक्ष्य भौतिक इच्छाओं उसकी वृद्धि और उनकी पूर्ति के उपाय ढूढंना है, विकास की इसी भौतिकवादी अवधारणा ने उपनिवेशवाद को जन्म दिया और इसी के परिणाम आज राष्ट्र भुगत रहा है।

भूमंडलीकरण, साम्राज्यवाद के नए अवतार के रूप में ही परिलक्षित है। तकनीक, गुलामी का वृहद रूप ही, आज विकराल रूप ले, हमारे समक्ष कई समस्याओं को लेकर खड़ा है। भूमंडलीकरण के दौर में भी गाँधीजी के स्वदेशी विचार ही सर्वाधिक उपयुक्त और प्रासंगिक हैं। गाँधीजी ने अपनी अर्थव्यवस्था को सुदृढ़ करने के उदेश्य से ही स्वदेशी वस्तुओं के प्रयोग पर बल दिया था। उनका मानना था कि किसी भी देश का विकास उनकी अपनी सस्कृति और मूल्य परम्पंरा के अनुरूप ही हो सकता है, दूसरी संस्कृतियों के नकल से नहीं। भारतीय जीवन शैली एवं चितंन में गाँधी का महत्वपूर्ण योगदान रहा है। महिलाओं की व्यक्तिगत शक्ति के बजाय उनके नैतिक एवं आध्यात्मिक शक्ति में गाँधीजी की अपार आस्था रही है। गाँधीजी स्त्रियों को एक ऐसी भौतिक शक्ति के रूप मे देखना चाहते हैं, जिनके पास हो अपार नारीवादी साहस"।[4] चरखे के माध्यम से, महिलाओं को सम्मानपूर्वक रोजगार दिलाना भी उनका एक सफल प्रयोग रहा है। ग्रामीण विकास की प्रक्रिया में, परिभाषात्मक और गुणात्मक अभिवृद्धि के लक्ष्य को लेकर उनके उद्देश्य इस प्रकार हैं–[5]

1. अधिक उत्पादन एवं अधिक रोजगार का सृजन, जिससे ग्रामीण गरीब वर्ग के लोगों को मूलभूत आवश्यकताओं की पूर्ति संभव हो सके।

2. आधुनिक निवेशों एवं सेवाओं की प्रचुर मात्रा में प्राप्ति तथा उनकी समाज के सभी वर्गों को समान सुलभता।
3. आय का समान वितरण एवं समाज के विभिन्न वर्गों को विकास के समान अवसर उपलब्ध कराना।
4. जन-कल्याण एवं रहन-सहन के स्तर में सुधार।
5. गरीब जनों में विकास कार्यक्रमों एवं क्रियान्वयन में सक्रिय सहभागिता की भावना जाग्रत करना।
6. स्वप्रेरित एवं स्वावलम्बी विकास को सुनिश्चित करना।
7. पर्यावरणीय जागृति उत्पन्न करना एवं जीवन में गुणात्मक सुधार करना।

ग्रामीण अर्थव्यवस्था को प्रभावित करने वाले महत्वपूर्ण घटक के रूप में ग्रामीण विकास को गाँधीवादी विचारधारा से पूर्णतः सहमत पाया जाता है क्योंकि भारत में ग्रामीण और कृषि और सम्बद्ध गतिविधियों को अधिकतम उत्पादन के रूप में देखा गया। सैद्धांतिक रूप से, हम गाँधीवादी मूल्यों/सिद्धांतों को आर्दशवादी मान सकते हैं क्योंकि, यह नैतिक मूल्यों को सर्वोच्च महत्व देते हुए व्यक्ति को स्वस्थ प्रतिस्पर्धा एवं संपूर्ण व्यक्तित्व के लिए तैयार करता है। प्रगति तो किसी भी तरीके से प्राप्त की जा सकती है किन्तु, किसी मानव का रास्ता काटकर या उसका दिल दुखाकर प्राप्त की गई प्रगति से कोई भी खुश नहीं रह सकता। इसलिए मानवतावादी सिद्धांतों पर चलकर प्राप्त की गई सफलता अधिक विश्वसनीय और सभी को सुख प्रदाता कहलाती है और सर्वे भवन्तु सुखिनः की तर्ज पर सभी को सुख पहुँचाने वाली एवं कल्याणकारी होती है।

आज का समय अत्यन्त तेजी से सफलता प्राप्त करने का है। किन्तु, मानव भौतिकवादी हो कर भी संतोष की तलाश में पुनः अध्यात्म की ओर मुड़ता है। भारतीय दर्शन आज भी पूरे विश्व में अग्रणी है। ऐसे सिद्धांतों पर चलकर सामाजिक उद्यमिता की भावना

को पोषित करते हुए यदि समाज एक-दूसरे की प्रगति में सहभागी बने तो यह पृथ्वी स्वर्ग के सदृश स्वयमेव दृष्टव्य होगी।

वर्तमान समय में मनुष्य ही मनुष्य का शत्रु बन गया है, मानव समाज आज टुकडों में विभक्त हो गया। इस स्थिति में मानव को घृणा, ईष्या, द्वेष, कलह और आपसी प्रतिद्वन्द्विता के सिवाय कुछ हासिल नही होता। सम्प्रति मानव दुखी है, क्योंकि वह अपनी सस्कृति को त्यागकर, पाश्चात्य देशों के भौतिकवादी पथ पर चलकर लिप्सावादी प्रवृति में उलझता जा रहा है। इसी प्रवृति के चलते मशीन बन वह अपना समय व्यतीत कर रहा है। भारतीय दर्शन में भी मानवतावादी अवधारणा है-

वेदो धर्म मूलम्
वेदो किलो धर्मभूतम्
धर्मसमयः प्रमाणं वेदाष्च।[6]

अतः धर्म जीवन यात्रा के ऐसे नियमों का नाम है, जिन पर चलने से व्यक्ति का जीवन सुखी और समाज सुव्यवस्थित रहता है। अनुशासन, और धर्म से नियंत्रित होकर धन कमाने से यहां कोई दुःखी नहीं होता और परलोक में सद्गति प्राप्त होती है। धर्म हमेशा सद्मार्ग पर चलने की प्रेरणा देता है धर्म के वशीभूत हो व्यक्ति सत्य के मार्ग को अपनाता है एवं धर्मानुकूल आचरण को धारण करता हुआ अपनी जीवन शैली को व्यवस्थित करता है। धर्ममार्गीय होने का अर्थ धर्मभीरूता नहीं है बल्कि श्रेष्ठ सिद्धांतों के मार्ग को अपने जीवन में अपनाते हुए गतिमान रहना हैं जिससे सभी जीवों का कल्याण निहित है एवं धर्म ही हमें कर्मशील होने की प्रेरणा देता है।

इसी दर्शन का प्रभाव हमें महात्मा गाँधी के सिद्धांतों में देखने को मिलता है और ऐसे ही निष्पक्ष, नैतिक व्यापार के समर्थक, गाँधी जी ने ग्राम की परिकल्पना की थी और सूक्ष्म से सूक्ष्मतर स्तर पर

जनोपयोगी उद्योगों को ही स्थापित करने की वकालत की थी। ग्रामीण अर्थव्यवस्था में गाँधी जी का मूलमंत्र था कि सभी की भोजन, वस्त्र, निवास, शिक्षा एवं स्वास्थ्य की बुनियादी आवश्यकतायें पूरी हों। "गांव भी अपना, काम भी अपना" का सिद्धांत भी इसी की पुष्टि करता है। ग्राम स्वराज्य का अर्थ – "ग्राम से एक स्वावलम्बी इकाई का निर्माण। और यही इकाईयाँ समृद्ध भारत की अर्थव्यवस्था में निर्धारक साबित होंगी।" इन इकाईयों के संरक्षण एवं संर्वधन पर हम सभी को मिल कर पर्याप्त ध्यान दिया जाना आवश्यक है, तभी ये पल्लवित एवं पोषित होंगी।

जैसे कृषि क्षेत्र में हमारी भागीदारी कम होती जा रही है, कृषि आधारित प्रसंस्करण केंद्रो/उद्योगों को बढ़ावा देना हमारी पहली प्राथमिकता होना चाहिए। भारत के दूसरे बड़े रोजगार प्रदान करने वाला क्षेत्र है। "हथकरघा" जो शारीरिक श्रम संपूर्ण विकास एवं स्वस्थ जीवन के ताने-बाने का प्रतीक है, उसमें अभिवृद्धि के प्रयास किए जाने चाहिए। गाँवो का विकास गाँव की तर्ज पर हो ना कि शहरों की तरह। ग्रामीण विकास और अर्थव्यवस्था की अवधारणा को ध्यान में करते हुए कार्य जमीनी स्तर पर संपादित हो तो परिणाम अवश्य संतोषजनक होंगे।

महात्मा गाँधी की दूरदर्शिता एवं निष्ठापरक सोच ग्रामीण अर्थव्यवस्था के लिए न केवल तत्कालीन समय में प्रासंगिक थी बल्कि भारत के लोगों में राष्ट्रप्रेम की भावना जगाने में भी सक्षम रही है और ग्रामीण कुटीर उद्योग भारत की अर्थव्यवस्था में अपनी अहम भूमिका निभाते थे और स्वावलम्बी भारत की परिकल्पना को साकार करते हुए स्वदेश प्रेम से जागृत थे। वर्तमान समय में भी उनके सिद्धांत प्रासंगिक है तभी तो खादी एक विचार बनकर उभरा है और एक पूरा विभाग खादी और ग्रामोद्योग आयोग के नाम से रोजगार प्रदान करने की दिशा में सतत् कार्यरत है और उनके विकास के लिए विभिन्न

योजनाओं का संचालन कर ग्रामीण अर्थव्यवस्था और रोजगार वृद्धि की दिशा में अग्रणी भूमिका निभा रहा है।

संदर्भ सूची

1. बापू जीवन और दर्शन, पृ.क्रं., 288
   संपादक- डॉ. रोमिला चावला
   प्रथम संस्करण - 2009
   आई.एस.बी.एन-978-81'86208-62-5
   प्रकाशन. पूनम गोयल
   राज पब्लिकेशन्सन, दरिया गंज, नई दिल्ली
2. गाँधी शिक्षा दर्शन, पृ.क्र. 20
   लेखक -पवन कुमार
   प्रथम संस्कारण- 2011ई.
   प्रकाशन- संस्करण प्रकाशन, शकरपुर दिल्ली
3. महात्मा गाँधी के विचार पृ.क्रं. 110
   संपादक- के.सी पंत
   रायम संस्करण-2012
   प्रकाशन-नवप्रभात साहित्य, यमुना विहार, दिल्ली
4. गाँधी अध्ययन, पृ.क्रं. 121
   संपादक-मनोज सिन्हा
   दूसरा संस्कारण -2010
   ISBN-- 9188125040231
   प्रकाशन, ओरियंट ब्लैक स्वान प्रा.लिमिटेड आसफ अली रोड, नई दिल्ली
5. गाँधी -विचार और हम, पृ.क्रं. 68
   पी.के. अग्रवाल, शिप्रा अग्रवाल
   संस्करण-2012
   प्रकाशन- प्रतिभा प्रतिष्ठान नेता सुभाष, नई दिल्ली
   ISBN-- 81.88266.88.4
6. भारतीय दर्शन में मानवतावादी अवधारणा (पृ. 24-25)
   संपादक- डॉ. देवकुमार यादव
   संस्करण- प्रथम, वर्ष 2009
   ISBN-- 88216.89.5

7

कार्टूनों में महात्मा गाँधी की छवि

– श्री प्रकाश पाल

कार्टून एक ऐसा व्यंग्यचित्र है जो किसी पार्टी, सत्ताधारी व्यक्ति या सरकारी वक्तव्य का विश्लेषण इस तरह करता है कि पाठक को मजा आ जाए। रिनेसां काल में सामाजिक बुराइयों को लेकर सर्वत्र ही व्यंग्यचित्र बने थे जिनमें, शासक धर्माचार्य या सामाजिक कुप्रथा पर आक्रमण किया जाता था। 1920 के दशक में गगेन्द्रनाथ टैगोर के द्वारा बनाए गए कार्टून देखने को मिलते हैं। 1920 ई. में पत्रकारिता के क्षेत्र में इस विधा को मान्यता मिली और हिंदी पत्रिकाओं में मतवाला के प्रथम प्रकाशन (1923) के शुरू से कार्टून छपते थे। यह मुख्यत: सामाजिक और राजनीतिक दुर्व्यवस्था पर प्रहार करने वाली एक व्यंग्यचित्र पत्रिका थी। इसने पारसी थियेटर की भी जमकर रगड़ाई की। सन् 1924 में कार्टून छपने की शुरुआत हुई। आगे चलकर शिक्षार्थी, उत्तम सिंह तोमर व पी. मुकर्जी कुछ ऐसे कार्टूनकार हुये जिन्होंने अनेक पत्र पत्रिकाओं में अपने कार्टून्स प्रस्तुत कर धूम मचा दी तथा इस कला को आगे बढ़ाने में योगदान दिया। सन् 1930 ई. में डी.एन. वर्मा के कुछ कार्टून 'गंगा पत्रिका' (भागलपुर) में छपे।

चित्र 3: गाँधीजी का आरंभिक व्यंग्यचित्र

चित्रकार हकीम ने भी 'सुधा' नामक पत्रिका में व्यंग्यचित्र दिया जो स्वतन्त्रता आंदोलन पर आधारित था। एक महिला पत्रकार मिस शोभा के कार्टून भी इस दौर में छपे। उन्हीं के द्वारा बनाया गया, महात्मा गाँधी का कैरिकेचर विशाल भारत में छपा। गाँधी जी को लेकर पहला कार्टून बना जिसमें गाँधी को अपनी अंगुली पर संसार का ग्लोब उठाए हुए दर्शाया गया था। सन् 1922 से 1927 ई. तक का काल खण्ड देखा जाए, तो यह समय कार्टून कला का शैशव काल था।

वहीं 1930 के दशक में गाँधी और गाँधी के मूल्यों को युवा भारत से मिल रही ताकतवर चुनौती भी कई कार्टूनों में खुलकर उभरी थी। गाँधी के दौर में विभिन्न विचार रखने वाले लोग गाँधी का नाम लेकर गाँधी के मूल्यों के ठीक विपरीत कार्य करते थे। इसी पक्ष को उजागर करता एक कार्टून 'भारत छोड़ो आंदोलन' के दौरान 'द पायनियर' अखबार में छपा, जिसमें गाँधी और शांति का प्रतीक साथ लिए कुछ लोग अंग्रेजी शासन को धमकी भरे अंदाज में उनसे स्वराज की मांग कर रहे थे और अंग्रेजों को चौरी-चौरा घटना को याद रखने की नसीहत दे रहे थे और जिसमें गाँधी जी द्वारा चलाए गए असहयोग आंदोलन (1920-1922) के दौरान कुछ भारतीय प्रदर्शनकारियों की उग्र भीड़ ने एक थाने को आग लगा दी थी और दर्जनों अंग्रेजी पुलिस के सिपाहियों को जिंदा जला दिया गया था।

कार्टून एक शब्द विहीन संवाद है, तो कभी चंद शब्दों के सहारे बहुत कुछ कहने की कला है। वहीं यह आड़ी तिरछी रेखाओं के माध्यम से संप्रेषित होने वाला व्यंग्य भी है। कुछ लोग कार्टून को या तो उपहास मानते हैं या किसी का मजाक उड़ाने का जरिया। लेकिन वास्तव में कार्टून की मूल आत्मा व्यंग्य है जिसमें संक्षिप्त शब्दों के एक व्यंग्यचित्र से हजारों शब्दों मे लिखा जाने वाला समाचार व्यक्त किया जाता है। वर्तमान युग में भी व्यंग्य कला (कार्टूनों) में विविध तकनीकों का समावेश हो चुका है। परन्तु, निरंतर बढ़ती तकनीकों से हम यह नहीं भूल सकते कि सुदृढ़ आधार के बिना तकनीकी योग्यता पूरी काम में नहीं आ सकती। इसलिए, सर्वप्रथम व्यंग्य चित्र बनाने की विधि को सिखाना अत्यंत आवश्यक है। गोल, तिरछी, आड़ी, और सीधी रेखाओं से शुरुआत होती है। व्यंग्य चित्र में सबसे महत्वपूर्ण भाग होता है किसी किरदार का सिर और मुख, इसके लिए गोल, चौकोर, तुम्बी और अंडाकार आकार का सिर बनाने का अभ्यास पूरी तरह करना आवश्यक है। कार्टून बनाने के लिए कुछ जरुरी सामग्री की आवश्यकता होती है। भारत में कोई भी काम शुरू नहीं किया जाता, 'श्रीगणेश' किया जाता है। इसमें समकालीन भारत में कार्टून–कारिता की जमीन काफी उर्वर है। यह सच है कि जिस दिन हम हँसते नहीं हैं, वह सबसे खराब दिन होता है। हंसी मनुष्य को परमात्मा की दी हुई सबसे बड़ी नियामत है। लेकिन, समय की दुश्वारियों ने इसे मनुष्य के चेहरे से छीनने की कोशिश की है। शायद यही वजह है, अनेक लोग अखबार आते ही सबसे पहले महत्वपूर्ण खबर पढ़ने के बजाय अखबार के कोने में छपे कार्टून को पढ़ते हैं और पढ़ते ही अक्सर मुंह से शब्द निकलता है- वाह, क्या बात है मजा आ गया, कार्टूनिस्ट ने क्या व्यंग्य किया है। इससे मूड एकदम तरोताजा हो जाता है। आप यह भी तो मानेंगे कि कार्टून सिर्फ बच्चों को ही नहीं अपितु बड़ों को भी आकर्षित करते हैं। यह सब की पहली पसंद है। ये कार्टून कभी गंभीर घाव करने वाले होते हैं तो कभी हंसी की फुहार छोड़ने वाले और

सभी दिलों को छूने वाले होते हैं। सामान्य अर्थों में हम कह सकते हैं कि कार्टून विचार अभिव्यक्ति, सृजनात्मकता, व्यंग्य और मनोरंजन का जोरदार माध्यम बनकर उभरा है। लगभग सभी प्रतिष्ठित एवं लोकप्रिय कार्टूनिस्ट की शुरुआत खेल-खेल में कार्टून बनाने से हुई थी। धीरे-धीरे इन कार्टूनकारों ने आड़ी-तिरछी लाइनों में एक संदेश देने लायक समन्वय स्थापित करने में खुद की सृजनात्मकता को इस्तेमाल किया। सरकारी नीति हो या राजनेता का आचरण, कार्टून वास्तविकता की परतें खोल देता हैं। कार्टून संक्षेप में बहुत कुछ कह देने की एक अद्‌भुत कला है। कार्टून-कारिता में एकाधिकार पहले सिर्फ राजनेताओं को ही प्राप्त था। उनके अतिरिक्त कार्टूनकार किसी और को इस योग्य नहीं समझते थे। धीरे-धीरे समाज में व्याप्त अन्य कैंसर-तंतुओं की ओर भी कार्टूनकारों का ध्यान गया। कार्टूनकारों को किसी धर्म, जाति व विचारधारा में कसना, खूंटे को गाय से बांधने के समान होगा। आज जब हम गाँधी जी की 150 वीं सालगिरह मना रहे हैं, गाँधी को 'महात्मा' बनाने की प्रक्रिया और अधिक तीव्र होती जा रही है। महात्मा गाँधी के राजनीतिक कार्टूनों को दर्शाया गया है।

कार्टूनों में गाँधी की छवि

कार्टूनों में गाँधी को देखने से प्रेरणा मिलती है कि किस तरह से पत्र-पत्रिकाओं मे कार्टूनिस्टों ने अपनी तूलिका के माध्यम से गाँधी को उकेरा है। इन कार्टूनों से गाँधीजी के जीवन से संबन्धित अनेक पहलुओं के बारे जानकारी मिलती है।

वहीं एक अन्य कार्टून में यह दर्शाने की कोशिश की गई थी कि कैसे अंग्रेज किसी भी हालत में गाँधी को गिरफ्तार नहीं करना चाहते थे, पर गाँधी उन्हें मजबूर कर देते थे, अपनी गिरफ्तारी करने के लिए। वहीं एक अन्य कार्टून में यह दर्शाया गया था कि गाँधी का

चित्र 4: गाँधीजी गिरफ्तारी के लिए मजबूर करते दिखाया

व्यक्तित्व 1930 के दशक में इतना प्रभावशाली हो गया था कि जब अंग्रेज गाँधी को जेल में डालते थे, तो जेल के बाहर हजारों गाँधी पैदा हो जाते थे।

चित्र 5: व्यंग्यचित्रों में हजारों गाँधी को दिखाया गया

सन् 1930 के बाद यह अपनी पूर्ण यौवन अवस्था में आयी। इस काल में केशव शंकर पिल्लई को भारत में कार्टून कला का पितामह

कहा जाता है। शंकर ने पत्रकारिता में कार्टून को महत्वपूर्ण स्थान दिलाया। उन्होंने 'बाम्बे क्रोनिकल' से प्रारम्भ होकर 'वीकली हेराल्ड'

चित्र 6: भारत का शोषण और गाँधी को बेवकूफ ठग बोलते दिखाया

में कार्टून बनाए थे। सन् 1932 में हिंदुस्तान टाइम्स में शंकर के कार्टून प्रमुखता से छपने लगे। फिर शंकर को ही नियमित कार्टूनिस्ट होने का गौरव प्राप्त हुआ। भारतीय नेताओं से लेकर लार्ड वेलिंगटन, लार्ड बावेल भी इनकी कला से प्रभावित हुए। सन् 1948 में शंकर ने अपनी पत्रिका 'शंकर्स वीकली' (अंग्रेजी) की शुरुआत की। यह कार्टून पत्रिका उस समय के युवा कार्टूनिस्टों की महत्वपूर्ण प्लेटफार्म बन गयी। इस पत्रिका ने भारत में अनेक कार्टूनिस्टों को जन्म दिया, बाद के वर्षों में उन्होंने अपनी पृथक पहचान बनायी। 'शंकर्स वीकली' हिन्दी भाषा में भी कुछ समय तक प्रकाशित हुई। गाँधी के समसामयिक कार्टूनों के दौर में कार्टूनिस्टों ने मोहनदास के साथ-साथ गाँधी, बापू और महात्मा पर भी अपना हाथ जमकर आजमाया और सारे कार्टून देश और दुनिया के प्रसिद्ध कई पत्र-पत्रिकाओं में छपे। गाँधी को उनके दौर में प्रचलित जिन अलग-अलग सोचों और विचारधाराओं के आईनों ने उकेरा, उनमें गाँधी को ठग, बेवकूफ और तानाशाह के रूप में भी दिखाया गया।

इटली के एनीबेल और एगस्तीना कैराची नामक दो भाइयों ने 16वीं शताब्दी में कैरिकेचर बनाना प्रारंभ किया। सन् 1697-1764 के बीच इंग्लैंड में विलियम होगार्थ ने इस कला को एक महत्वपूर्ण दर्जा

चित्र 7: भारत और फ्रांस युद्ध के दौरान 'पेसिलवेनिया गज़ट' में छपा

दिलवाया। विश्व का प्रथम 'संपादकीय' कार्टून का जनक भी उसी को माना जाता था। सन् 1754 में बेंजामिन फ्रैंकलिन ने प्रतिरोध की पत्रकारिता की। उन्होंने पेंसिलवेनिया गजट में 'जॉइन और डाई' शीर्षक से साँप वाला कार्टून प्रकाशित कर साम्राज्यवादी सरकार की तीखी आलोचना की। जॉइन और डाई का वह व्यंग्यचित्र नारा बन गया और कई अमेरिकी अखबारों ने इसे बार-बार प्रकाशित किया और उस समय बहुत लोकप्रिय हुआ। इसे अमेरिका का पहला राजनीतिक व्यंग्यचित्र माना जाता है।

भारत में व्यंग्य कला की ऐतिहासिक पृष्ठभूमि का विस्तार करते हुए इसके स्वरुप और प्रकार तथा कार्य करने के तकनीकी पहलुओं के बारे में बताया गया है। लगभग कई दशकों से भारत में फल-फूल रही व्यंग्य कला अपने विकसित रूप में दुनिया में अपना महत्वपूर्ण स्थान बना रही है। शोध के माध्यम से यह ज्ञात हो सकेगा कि कार्टूनों में महात्मा

गाँधी की छवि तथा समाज को किस प्रकार का लाभ मिल सका या सकता है। कार्टूनिस्ट पत्रकारिता जगत का महत्वपूर्ण अंग बन चुके हैं। कार्टूनिस्ट एक ऐसा प्राणी है, जो कुछ आड़ी-तिरछी रेखाओं और चंद शब्दों के माध्यम से लोगों के मस्तिष्क में सहजता से पहुंचा देता है।

चित्र 8: व्यंग्यचित्र-केशव शंकर पिल्लई

अखबारों और पत्र-पत्रिकाओं में शब्दों, विचारों, आरोप-प्रत्यारोपों तथा शुभ-अशुभ समाचारों की भीड़ में कार्टूनिस्ट कबीर की परम्परा का निर्वहन करते हैं। ये लोग समाज की मौजूद स्थितियों और विसंगतियों पर तीखे कटाक्ष कर जनमानस को जागरूक बनाने का प्रयास करते हैं। आज दूसरी ओर कुछ लोगों की नजरों में कार्टूनिस्ट एक विदूषक की तरह हैं। सन् 1940 ई. में लिनलिथगो ने गाँधी से मुलाकात करने का निमंत्रण दिया। उन्होंने फिर से ब्रिटिश सरकार का डोमिनियन का दर्जा देने का प्रस्ताव दोहराया और तब तक के लिए अस्थायी रूप से कांग्रेस को गवर्नर जनरल की कार्यप्रणाली परिषद में प्रतिनिधित्व देने को कहा। गाँधी जी ने यह कहकर प्रस्ताव ठुकरा दिया कि कांग्रेस की मांगों के मुकाबले यह बहुत कम है। कुछ दिनों के बाद उन्होंने विदेशी संवाददाताओं से कहा कांग्रेस की मांग से वायसराय के प्रस्ताव में बड़ा अन्तर यह है कि वायसराय का प्रस्ताव भारत के भाग्य निर्धारण का अधिकार ब्रिटिश सरकार के पास ही रखना

चाहता है जबकि कांग्रेस की मांग इसके ठीक विपरीत है। शंकर ने इस कार्टून में लिनलिथगो को घोड़े की काठी पर बैठे दिखाया गया है और वह गाँधी से घोड़े की पूंछ पर बैठने के लिए सिफारिश का रहा है।

15 अगस्त 1947 की आजादी आई और उसने गाँधी जी को उन भयंकर जख्मों को मरहम लगाते देखा जो संकीर्ण स्वार्थों के कारण पनपी साम्प्रदायिक घृणा ने इस राष्ट्र को दिए थे। उन्होंने अपनी गतिविधियों का केंद्र कलकत्ता बनाया जो इस अत्यंत मूर्खतापूर्ण रक्तपात

चित्र 9: गाँधी और लिनलिथगो, भारतीय कार्टून कला

का सबसे भयानक स्थल था। प्रतिदिन प्रार्थना सभाओं में वे राष्ट्र को एकता बनाए रखने का उपदेश देते। उन्होंने केंद्र में स्थापित कांग्रेस सरकार द्वारा नियुक्त राज्यों के नए गवर्नरों को सलाह दी कि वे ब्रिटिश शासन काल काल का ठाठ-बाठ छोड़कर जनता के निकट आए और उसके सच्चे सेवकों के रुप में कार्य करें। जवाहर लाल नेहरू को आचार्य विनोबा भावे के आंदोलन में 07 नवम्बर को शामिल होना था लेकिन उन्हें 31 अक्टूबर को गिरफ्तार कर लिया गया और अक्टूबर के महीने में युद्ध विरोधी भाषण देने के आरोप में चार साल की

सजा सुना दी गई। आंदोलन का दूसरा चरण, जिसे गाँधी ने प्रतिनिधि सत्याग्रह का नाम दिया, नवम्बर के मध्य में शुरू हुआ। इस चरण में सरकारी दमन के पहले शिकार बल्लभ भाई पटेल हुए। उन्हें 17 नवम्बर को गिरफ्तार करके भारत सुरक्षा अधिनियम के अन्तर्गत बंदी बना लिया गया। इसके बाद लगभग कांग्रेस के सभी बड़े नेता बंदी बना लिए गए। गाँधी और लिनलिथगो राजनीति के शतरंज खेलते हुए दिखाए गए हैं जिसमें परेशान वाइसराय मात खा रहे हैं।

विदेशी कार्टूनिस्ट की दृष्टि में गाँधी

दक्षिण अफ्रीका में महात्मा गाँधी ने हिंदुस्तानियों पर किये जाने वाले अत्याचारों के प्रतिरोध में तत्कालिक अंग्रेजी शासकों से जमकर लोहा लिया। सन् 1908 'संडे टाइम्स' ने ऐसा ही एक सटीक व्यंग्यचित्र का प्रकाशन कर हमारा ध्यान अपनी ओर आकर्षित किया है। इस व्यंग्य चित्र में गाँधी को एक महावत के रूप में तथा भारतीय समुदाय को

चित्र 10: व्यंग्यचित्र हाथी पर सवार गाँधी

एक विशाल शक्तिशाली हाथी के रूप में चित्रित करते हुए व्यंग्य चित्रकार ने बताया कि किस प्रकार जनरल स्मट्स सड़क बनाने वाले बेलन के द्वारा इस हाथी को धकेलने की पुरजोर कोशिश कर रहा

है, किंतु हाथी को धकेलने में वह सफल नहीं हो पा रहा था। अपनी असफलता से स्मट्स परेशान नजर आ रहे थे। इस व्यंग्य चित्र का शीर्षक बेलन और हाथी रखा गया था। बेलन की ठेस से हाथी को गुदगुदी सी हो रही है, वह मन-ही-मन हँसते हुए कह रहा है- "देख लिया अब देख लिया तेरा बल, गुदगुदी करना रहने दे।" कार्टूनिस्ट ने

चित्र 11: व्यंग्यचित्र में गाँधी दस अंगुलियों की छाप

इस व्यंग्य चित्र में जहाँ भारतीय जनता की ताकत की प्रत्यक्ष प्रशंसा की वहीं उसने जनरल स्मट्स की असफलता की खिल्ली भी उड़ाई। आत्मविश्वास से भरे गाँधी अभी भी मंद-मंद मुसकरा रहे हैं और मन-ही-मन मानो कह रहे हैं-लगता है जिस बेलन से स्मट्स भारतीय कौम रूपी हाथी को धक्के मारने की कोशिश कर रहा था, वही बेलन चकनाचूर होकर बिखर गया। और व्यंग्यचित्र जिसमें हाथी पर सवार गाँधी ने अपने दसों अँगुलियों को नाक पर रखकर एक और कटाक्ष कर रहे हैं। "चख लिया दस अँगुलियों की छाप का स्वाद।" उस समय में देश-विदेश में दस अँगुलियों की छाप की बड़ी चर्चा थी।

निष्कर्ष:- व्यंग्यचित्रों को देखकर लगता है कि कितनी सजीवता से कार्टूनों को उकेरा गया है। हमे लगता है कि आने वाली पीढ़ी

मुश्किल से विश्वास कर पायेगी कि कोई इस तरह से हाड़-मांस वाला व्यक्ति इस धरती पर मौजूद था। स्वदेश और विदेश के प्रसिद्ध व्यंग्यकारों द्वारा बनाए हुये कार्टूनों के इन संकलन से आगामी पीढ़ियों को विश्वास करने में सहायता मिलेगी कि इस तरह का मनुष्य वास्तव में इस धरती पर मौजूद था। इसमें संदेह नहीं है कि उस मनुष्य की आकृति, कार्टूनिस्टों के अपने ब्रशों और कल्पना के लिए एक आदर्श विषय था। गाँधी जी के जीवन-काल में विश्व के सभी देशों में सैकड़ों व्यंग्यचित्र प्रकाशित हुये हैं। शायद ही कोई ऐसा देश हो, जहां के अखबारों में गाँधी के बारे में कुछ न छपा हो। आज कार्टून कला अपनी मौलिक रचनात्मकता के लिए सबसे अच्छा इस्तेमाल करके सम्मानजनक आजीविका कमाने का जरिया बनकर उभरी है। कार्टून में कैरियर के लिहाज से काफी गंभीर और चुनौतीपूर्ण क्षेत्र हैं। कार्टून की कला में पारंगत लोगों के लिए रोजगार के काफी अवसर मौजूद हैं। क्रिएटिव कैरियर बनाने की ख्वाहिश रखने वाले लोग इस क्षेत्र को अपना सकते हैं। आप भी ऐसा कर सकते हैं, बशर्ते आपके अंदर कार्टून बनाने के लिए जरूरी आधारभूत कौशल हो और अगर आड़ी-तिरछी रेखाओं के माध्यम से कुछ ऐसे स्केच बना लेते हैं जो न केवल आकर्षित करते हों बल्कि उसके पीछे कोई अर्थ भी छिपा हो, तो आप कार्टून मेकिंग की दुनिया में सफल मुकाम बना सकते हैं। यह एक ऐसा क्षेत्र है, जहां आप अपनी क्रिएविटी का भरपूर उपयोग करके अपने विचारों प्रतिक्रियाओं को स्केच के जरिये दर्शा सकते हैं। यदि हम प्रिंट मीडिया की बात करें तो उसमें कार्टून का स्थान एक समाचार से भी अधिक अपील करने वाला होता है, क्योंकि बहुत से ऐसे पाठक होते हैं जो समाचार के पढ़ने के बजाय सबसे पहले कार्टून को देखना पसंद करते थे। इसलिए अखबार में कार्टून छपने की बेहद आवश्यकता होती है। क्योंकि, कार्टूनों की यही विशेषता हमें गाँधी को फिर से एक विषय-वस्तु के रूप में पेश करने में मदद कर सकती है। गाँधी के दौर के कार्टूनों ने न सिर्फ गाँधी को सहलाने, बहलाने,

फुसलाने, गुदगुदाने का प्रयास किया था; बल्कि इतिहास लेखन को उकसाने के लिए ढेर सारी सामग्री अपने पीछे छोड़ दी थी। परंतु, अफसोस है कि इतिहास ने इन कार्टूनों को न तो किताबों में उचित स्थान दिया, न संग्रहालयों या प्रदर्शनी-कक्षों में इन कॉर्टूनों को कोई कोना मिला। कुछ किताबों ने गाँधी के कुछ कार्टूनों को 'गाँधी इन कार्टून' आदि जैसे शीर्षकों से संकलित कर किसी कोने में डाल दिया है, ताकि इतिहास, इतिहास लेखन और गाँधी में दिलचस्पी रखने वाले सवाल न कर पाएँ।

संदर्भ सूची

https%@@www-forwardpress-in@2019@01@gandhi&in&cartoons&feature&story&hindi@

http%@@journalisminhindi&drsachin-blogspot-com@2015@11@cartoon&journalism-html

https%@@www-gandhiheritageportal-org@

http%@@www-deshbandhu-co-in@parishist@gandhi&in&the&cartoon&72114&2

शाह शांतिलाल गाँधी व्यंग्यचित्र संग्रह (1970) नवजीवन पब्लिकेशन्स हाउस अहमदाबाद-14

डॉ. बंसल वीना भारतीय कार्टून कला (2004) राजस्थान हिन्दी ग्रंथ अकादमी जयपुर-302004

अशोक लकनपल्ली कार्टून पत्रकारिता (2004) साक्षी प्रकाशन दिल्ली-110032

माथुर रामबाबू कार्टूनिस्ट बनिए (2012) पुस्तक महल दरियागंज, नई दिल्ली 110002

8

शिक्षा में भारतीयता और गाँधी

– *विपिन तेवतिया*

वर्तमान युग में विद्यालयी शिक्षा के बढ़ते भारीभरकम पाठ्यक्रम ने विद्यार्थियों के सहज मनोभाव को खत्म कर दिया है। आज हमारी शिक्षा व्यवस्था को प्रमुख रूप से निर्धारित पाठ्यक्रम के अनुरूप साक्षरता एवं अध्ययन से जोड़कर देखा जा रहा है। विद्यार्थियों का कक्षा में प्रवेश लेकर, पढ़ाई करना, डिग्री प्राप्त करना और नौकरी पाना एकमात्र उद्देश्य रह गया है तथा इसे ही शिक्षा के मुख्य उद्देश्य के रूप में स्वीकार कर लिया गया है। इस प्रकार की शिक्षा विद्यार्थियों की चिंता तो करती है, परंतु पाठ्यक्रम से जुड़ी विद्यार्थियों की भावनाओं, आकांक्षाओं को शिक्षा व्यवस्था का अंग नहीं बना पाई है। जिसके परिणामस्वरुप कक्षा संबंधी क्रियाएं, पाठ्यक्रम संबंधी क्रियाकलापों, परीक्षा का भय, विद्यार्थी में तनाव उत्पन्न करता है। इसकी वजह से विद्यार्थियों को अपनी स्वतंत्र सोच का गला घोंटना पड़ रहा है। शिक्षा व्यवस्था ने स्वतंत्र सोच की जगह रटने वाला तोता बना दिया है। जिससे विद्यार्थियों के संपूर्ण एवं सर्वांगीण विकास का गाँधीजी का सपना अधूरा सा प्रतीत हो रहा है। गाँधीजी के अनुसार

शिक्षा ही एक ऐसा माध्यम है, जिसके द्वारा विद्यार्थी अपने मन के विकारों को नियंत्रण में रखकर उन पर विजय प्राप्त कर सकते हैं। हमारे आसपास का वातावरण जो इन विकारों को उत्तेजन और पोषण प्रदान करता है, उनको दूर करने का मार्ग गाँधीजी के शिक्षा-दर्शन में मिलता है। प्रस्तुत शोध पत्र में वर्तमान शिक्षा प्रणाली में गाँधीजी के शैक्षिक विचारों एवं मूल्यों के समावेश का अध्ययन किया गया है।

हमारी भारतीय शिक्षा सभी धर्मों में समान विश्वास रखती है। हम मंदिर गिरजाघर, मस्जिद, गुरुद्वारे में कोई भेद नहीं करते हैं। मानवों ने अपने श्रद्धा भाव से इन सभी पवित्र स्थानों का निर्माण किया है। मानव ईश्वर तक पहुंचने के लिए इनको माध्यम मानता है, तथा इनमें विश्वास करता है। सभी धर्म सत्य, अहिंसा, प्रेम, शिक्षा एवं मानव विकास के भंडार हैं। यह सभी धर्म मानव जाति के उत्थान में अपना योगदान देते हैं। हमारी भारतीय शिक्षा में कट्टरता व हिंसा का कोई स्थान नहीं है। हमारी शिक्षा, कट्टरता, और हिंसा का मार्ग अपनाने वालों की ईश्वर के प्रति भक्ति करने के ठोस और स्थूल रूप को समाज के लिए हानिकारक मानती है। हमारी शिक्षा में कट्टरता, हिंसा, आतंकवाद, ईर्ष्या, द्वेष आदि अवगुणों की भावना को दूर करने का सामर्थ्य है। आज संपूर्ण विश्व में ऐसे ही अवगुणों को देखा जा रहा है तथा इन अवगुणों ने विश्व को जकड़ लिया है। वही हमारी शिक्षा ज्ञान मीमांसा, मूल्य मीमांसा, तत्व मीमांसा का केंद्र है। यह मानव के अवगुणों को दूर कर उन में सद्गुणों का विकास करती है, हमारी शिक्षा शिक्षार्थी के सर्वांगीण विकास करने का कार्य करती है। शिक्षार्थी के ज्ञान को आकार प्रदान कर उसकी क्षमताओं का विकास करके उसे भावी जीवन के लिए तैयार करती हैं। गाँधी जी शिक्षार्थी को शिक्षा में महत्वपूर्ण स्थान देते हैं, और शिक्षार्थी के विकास की अवस्थाओं एवं प्रवृत्तियों के अनुरूप शिक्षा को बदलने का प्रयास करते हैं।

प्रस्तुत शोध पत्र के 3 उद्देश्य हैं:

1. गाँधीजी के शैक्षिक विचारों का विश्लेषणात्मक अध्ययन।
2. वर्तमान शिक्षा व्यवस्था का आलोचनात्मक अध्ययन।
3. वर्तमान शिक्षा प्रणाली में गाँधी जी के शैक्षिक विचारों की प्रासंगिकता का अध्ययन।

यह शोध विश्लेषणात्मक एवं वर्णनात्मक विधि पर आधारित है, इसमें विभिन्न शोध पत्रों एवं पुस्तकों का संदर्भ लेते हुए वर्णनात्मक व्याख्या एवं निष्कर्ष निकाले गए हैं।

व्याख्या

1. गाँधीजी के शैक्षिक विचारों की अवधारणा:

गाँधी जी भी अन्य भारतीय दार्शनिकों के अनुरूप शिक्षा के प्रति आदर्शवादी दृष्टिकोण अपनाते हैं। वह शिक्षार्थी के आत्मा एवं शरीर के संगति पूर्ण विकास को महत्व देते हैं। वह ऐसी शिक्षा को दोषपूर्ण मानते हैं, जो शिक्षार्थी का केवल बौद्धिक विकास करती है क्योंकि ऐसी शिक्षा असंतुलन उत्पन्न करती है। इसमें शिक्षार्थी केवल तथ्यों के संग्रह पर ही अपनी संपूर्ण शक्ति व्यय कर देता है। ऐसी शैक्षिक व्यवस्था शिक्षार्थी के प्रशिक्षण को शून्य कर देती है। इससे शिक्षार्थियों का शारीरिक मानसिक विकास प्रभावित होता है, जिससे बालक में दोष उत्पन्न होते हैं। गाँधीजी बौद्धिक विकास के साथ-साथ शारीरिक विकास को भी महत्वपूर्ण मानते हैं। गाँधीजी शिक्षा के द्वारा बालक के मस्तिष्क और हृदय के साथ-साथ उसका शारीरिक विकास भी करना चाहते हैं। उनका पूर्ण विश्वास है कि शरीर मन और आत्मा इन तीनों के समन्वित रूप से मानव के पूर्ण व्यक्तित्व का निर्माण किया जा सकेगा। गाँधीजी आत्मबोध को शिक्षा का सर्वोच्च लक्ष्य मानते हैं। आत्मबोध में शिक्षा के अन्य सभी उद्देश्य निहित

होते हैं, सच्चा ज्ञान वही है, जो मोक्ष की ओर ले जाता है। भौतिक स्वतंत्रता एवं राष्ट्रीय स्वाधीनता के पक्ष आत्मिक स्वतंत्रता में निहित होते हैं। आत्मा के विकास से बालक का चारित्रिक विकास जुड़ा रहता है। अतः शिक्षा ऐसी हो जो छात्रों को उनके भावी जीवन के लिए तैयार करे, उनके वातावरण एवं व्यवसाय के अनुरूप हो जिससे छात्रों में व्यवसाय को धारण करने की क्षमता उत्पन्न हो और उनको व्यवसाय में योग्य बनाए।

2. वर्तमान शैक्षिक व्यवस्था का प्रारूप

वर्तमान समय में हमारे देश की तेजी से बढ़ती जनसंख्या का शिक्षा के प्रति बढ़ता रुझान एवं रुचि से शिक्षा की मांग में तेजी से वृद्धि हुई है। इसके अनुपात में शिक्षा की पूर्ति करना कठिन कार्य हो गया है। शिक्षा पर व्यय तो बढ़ा है, लेकिन वित्तीय साधनों में वृद्धि उस गति से नहीं बढ़ पाई है। यदि शिक्षा के वित्तीय साधनों में वृद्धि की जाए तो शिक्षा की उपयोगिता में वृद्धि की जा सकेगी। शिक्षा के गुणात्मक एवं परिणाम वृद्धि हमारे लिए अत्यंत आवश्यक विषय हैं क्योंकि, देश के विकास में शिक्षा का महत्वपूर्ण स्थान है। अतः शिक्षा में वृद्धि से देश के आर्थिक विकास में भी वृद्धि की जा सकेगी। हमारे देश में बेरोजगारी की समस्या लगातार बढ़ती जा रही है। इसके साथ-साथ समाज के व्यक्तियों में अनुशासनहीनता एवं अराजकता को भी बढ़ावा मिला है, तथा शिक्षा बेरोजगारी के समाधान का मार्ग नहीं खोज पा रही है। इसके साथ-साथ माता-पिता एवं अभिभावकों की अपेक्षाओं का बोझ उनके मनोभावों को खत्म कर देता है, परंतु कोई भी यह सोचना नहीं चाहता कि शिक्षा व्यवस्था का तंत्र जो कि विद्यार्थियों के लिए बना है, उसमें विद्यार्थियों के मनोभावों एवं कौशलों को जगह क्यों नहीं दी जा रही है। आज देश में शिक्षा के समान अवसरों की प्राप्ति में भी अनेकों समस्याएं मुंह खोले खड़ी हैं। हमारे समाज में आर्थिक आय की विषमता, सामाजिक भेदभाव ऐसे अनेक कारण

हैं, जिनका शिक्षा के माध्यम से उचित समाधान नहीं खोजा गया है। इसके विपरीत वर्तमान शिक्षा व्यवस्था में निजी संस्थाओं ने शिक्षा शुल्क में भारी वृद्धि कर दी है जिसके कारण समाज के मध्यम एवं कमजोर वर्गों के लिए शिक्षा प्राप्त करना कठिन हो गया है तथा सरकारी शैक्षिक संस्थाओं की स्थिति दयनीय बनी हुई है। जहाँ आज भी हमारे देश के बाल शिक्षार्थी, प्राथमिक विद्यालयों में जमीन पर बैठकर पढ़ने को विवश हैं एवं उनको हमारी लोकतांत्रिक सरकारें समुचित शैक्षिक संसाधन अभी तक उपलब्ध नहीं करा पाई हैं। ऐसी स्थिति में हम देश के विकास का गाँधीजी का सपना कैसे पूर्ण कर सकते हैं।

3. गाँधीजी के शैक्षिक विचारों की वर्तमान में प्रासंगिकता

बालकों की शिक्षा में मातृभाषा एवं हस्तकौशल का विशेष स्थान होना चाहिए। इसके बिना जितनी भी दूसरी प्रकार की शिक्षाएं हैं, वे बालकों का उपयुक्त विकास नहीं कर पाती हैं। इसलिए उपयुक्त विकास न करने वाली शिक्षा से हमें दूर ही रहना चाहिए। सभी धर्मों में काम, क्रोध, लोभ को मानवता का शत्रु कहा गया है। गाँधीजी इन सभी मानवता के शत्रुओं से दूर रहने को प्रेरित करते हैं। धार्मिक ग्रंथ "श्रीमद भगवद् गीता" में काम की संतान, क्रोध को कहा गया है। क्रोध, हिंसा को जन्म देता है गाँधीवादी शिक्षा अहिंसा की विचारधारा पर आधारित है। ऐसी शिक्षा विद्यार्थियों के अंदर छिपी योग्यताओं का विकास करने में सफल रही है। यह शिक्षा शिक्षार्थियों को रोजगार के अवसरों को प्राप्त करने में सहायक है। गाँधी जी ने कहा है कि शिक्षा को बेरोजगारी के विरुद्ध बीमा होना चाहिए। अर्थात, हमारी शिक्षा ऐसी हो जो शिक्षार्थियों को रोजगार के अवसर प्रदान करें तथा बेरोजगारी को उत्पन्न होने से रोके। गाँधी जी शिक्षार्थियों को शरीर, मन, और आत्मा से सर्वश्रेष्ठ बनाना चाहते हैं। वह साक्षरता को शिक्षा का अंतिम पड़ाव नहीं मानते तथा शिक्षार्थी को उपयोगी हस्तकौशल सिखाना चाहते हैं। जिससे शिक्षार्थी उसी क्षण से उत्पादन

करने में सक्षम हो जाएं। जब यह प्रशिक्षण शुरू होगा तो उसके मन और आत्मा का उत्तम विकास संभव होगा। गाँधी जी का शिक्षा दर्शन विश्व के लिए नए दरवाजे खोलने के लिए सफल है। गाँधीजी ने समय-समय पर अपने शिक्षा विचार, सभाओं में व्यक्त किये हैं। ये विचार पाठ्यक्रम, शिक्षण प्रणाली आदि पर आधारित हैं। वह शिक्षार्थी के सर्वांगीण विकास को महत्व देते हैं, विद्वानों ने शिक्षा पर अपने-अपने विचार प्रकट किए हैं इनमें गाँधी जी का शिक्षा दर्शन, सत्य अहिंसा के आवरण से युक्त है। गाँधीजी शिक्षा के द्वारा मानव को आत्मनिर्भर बनाना चाहते हैं। इससे शिक्षा का पक्ष मजबूत होगा अन्यथा शिक्षा अपने उद्देश्य से भटक जाएगी जिससे लक्ष्यों को प्राप्त करने में सफलता नहीं मिलेगी।

शिक्षा के महत्व को विश्व के सभी शिक्षा विद्वानों ने अपने अपने मतानुसार व्यक्त किया है। वह सभी राष्ट्रीय सभ्यता, संस्कृति के विकास में शिक्षा की महत्वपूर्ण भूमिका को स्वीकार करते हैं। शिक्षा का प्रभाव आज के वैज्ञानिक युग में और अधिक बढ़ जाता है, इसलिए यह आवश्यक है कि बालक के विकास का पूर्ण अध्ययन किया जाए तथा शिक्षा व्यवस्था को और अधिक लाभप्रद एवं उपयोगी बनाया जाए, जिससे शिक्षा के द्वारा शिक्षार्थियों की आंतरिक शक्तियों का पूर्ण विकास किया जा सके इस कार्य में अनेक दार्शनिक, मनोवैज्ञानिक, वैज्ञानिक, शिक्षाशास्त्री प्रयासरत रहे हैं एवं वर्तमान में भी प्रयासरत हैं। इन्हीं में से एक गाँधीजी हुए हैं जिनके विचारों को हम आज भी जिंदा रखे हुए हैं। इनके शिक्षा संबंधी विचार भारतीय शिक्षा एवं शिक्षार्थियों के लिए अति महत्वपूर्ण है गाँधी जी के शिक्षा संबंधी विचारों से परिचित होने के लिए हमें उनके शिक्षा दर्शन का अध्ययन करना होगा। इनके शिक्षा संबंधी विचार शिक्षार्थियों के विकास में सहायक हैं क्योंकि शिक्षा के बिना जीवन में प्रगति नहीं की जा सकती। शिक्षार्थी अपनी-अपनी रुचि एवं योग्यता से अपने विशिष्ट

कार्य क्षेत्र का निर्माण करते हैं और उस क्षेत्र में सफलता प्राप्त करते हैं।

संदर्भ सूची

1. ब्रेस एंड वर्ल्ड ऑलपोर्ट, जी.डब्ल्यू। (1935) एस.एस.चौहान एडवांस्ड एजुकेशनल साइकोलॉजी, विकास पब्लिशिंग हाउस, नई दिल्ली।
2. एल.जे. (1963) एजुकेशन साइकोलॉजी, (2 डी ईडीएस) न्यू यार्क, हरकोर्ट। बुच एम.बी. (1991) चौथी सर्वे ऑफ रिसर्च इन एजुकेशन नई दिल्ली।

9

हिंदी पत्रकारिता के जन्मदाता महात्मा गाँधी

– सुरेंद्र कुमार

भारत में पत्रकारिता का दौर 19वीं शताब्दी से माना जाता है क्योंकि उस समय दो प्रकार के समाचार पत्रों का जन्म हुआ। अंग्रेजी एवं देशी भाषा में समाचार निकलने शुरू हो गए और जुलाई 1888 में उन्होंने इंग्लैंड और दक्षिण अफ्रीका में एक समाचार पत्र इंडियन ओपनियन के नाम से शुरुआत की जो बाद में 1903 में प्रकाशित हुआ।

गाँधी जी ही पहले ऐसे व्यक्ति थे जिन्होंने समाचार पत्रों की महत्ता और उसकी शक्ति को जाना और इसका प्रयोग अपने लक्ष्य को पूर्ण करने के लिए किया। इस प्रकार हम यहाँ गाँधी जी के जीवन के एक महत्त्वपूर्ण पहलू को जानेंगे।

1. जीवन का पहला भाषण: सबसे पहले गाँधी जी का स्वागत समारोह उनके सह-पाठियों ने, उनके बैरिस्टर बनने जाने के लिए जब गाँधी जी इंग्लैंड जाने लगे, तब रखा गया। उनके जीवन के पहले भाषण की शुरुआत भी यहीं से शुरू हुई

थी। गाँधी जी के लिए उन्होंने 4 जुलाई 1888 में एक विदाई समारोह राजकोट के आल्फेड हाई स्कूल में रखा।

उनका प्रथम भाषण भी कठियावाड़ टाइम्स के अखबार में 12 जुलाई 1988 को प्रकाशित हुआ।

2. गाँधी जी का पहली बार अंग्रेजी समाचार पत्र की तरफ रुख हुआ और इन सबके लिए उन्होंने सत्य के प्रयोग एवं आत्म कथा में कहा कि उन्होंने मुश्किल से समाचार पत्रों को पढ़ना शुरू किया था क्योंकि उनकी पढ़ाई अभी शुरू नही हो पाई थी और इंग्लैंड पहुँचने पर पहली बार गाँधी जी ने समाचार पत्र एवं पत्रकारिता से मुलाकात हुई थी। वास्तव में गाँधी जी में समाचार पढ़ने की आदत भी 18-19 वर्ष की उम्र से शुरू हो गई थी।

3. इंग्लैंड के समाचार पत्र के महत्त्वपूर्ण व्यक्ति- गाँधी जी सबसे पहले इंग्लैंड के अन्नाहार आंदोलन के एक समर्थन के रुप में आए थे। साथ ही उनका मिलन वेजिटेरियन अखबार के संपादक डक्क जोमुला से हो गया।

   गाँधी जी जब अपनी शिक्षा पूरी करके इंग्लैंड से भारत आने लगे तो वहाँ उन्होंने 11 जून 1891 के हालर्बन में एक भाषण भी दिया। यही भाषण उनका वेजिटेरियन अखबार में 13 जून 1891 को प्रकाशित हुआ।

4. दक्षिण अफ्रीका के भारतीय प्रवासी भारतीय लोगों की मदद- गाँधी जी दादा अब्दुल के कहने पर उनके निमंत्रण के लिए 1893 में अपना भाग्य जगाने के लिए गए। वहीं पर वकालत प्रमाण पत्र ग्रहण किया। इस प्रकार उनका नाम खुली बैरिस्टर की लिस्ट में आ गया। वहाँ इनकी पगड़ी को लेकर लोगों के बीच खूब चर्चा भी हुई। क्योंकि गाँधी जी ने पगड़ी के

ऊपर अपना लेख छपने के लिए समाचार पत्रों में जो भेज दिया था।

5. गाँधी जी की स्थाई निवास की नींव- गाँधी जी के भारत लौटने पर उनके लिए एक सेठ अब्दुल्लाह ने सम्मान रखा और वहीं अंग्रेजी अखबार में एक खबर ऐसी छपी थी कि गाँधी जी ने अपनी यात्रा को नहीं टाला, बल्कि, दक्षिण अफ्रीका में एवं स्थाई निवास की नींव का जन्म हुआ।

   इस प्रकार गाँधी जी ने अपनी 25-26 साल की उम्र में ही भारत और अंग्रेजी के समाचार पत्र पर जो कार्य और सहयोग प्रदान किया, उससे गाँधी जी पत्रकारिता के प्रमुख विषय के रूप में छा गए।

6. नेशनल इंडियन कांग्रेस की स्थापना- गाँधी जी ने अपने जीवन काल में 22 मई 1894 को इंडियन नेशनल कांग्रेस का आह्वान किया।

   इसके बाद गाँधी जी 1896 जून में पोगोंलो स्टीमर से भारत आए।

7. गाँधी जी की नजर में नए संचार साधन का योगदान- गाँधी जी ने अपने इस युग में इस संचार साधन के महत्त्व और शक्ति को जान लिया था और वहाँ के जो समाचार पत्र हुआ करते थे उन सभी के संपादक को अपने पत्र लिखकर अपनी सारी बातें कहने की आदत बना ली थी। उन्होंने अंग्रेजी समाचार जैसे नेथल विटनेस, नेटाल मर्क्यूरी आदि में अंग्रेजी पत्रों में अपनी सभी भारतीय समस्याओं को एवं स्थिति को सही रुप देने के लिए, अपने विचारों को संपादक के नाम लिखा और ये भी सभी अखबारों में छपे।

   इनके दूसरे खंड के समाचार पत्रों के संपादक के नाम पत्रों के रुप में संकलित भी किया था।

8. 1896 के अंतिम समय की यात्रा- गाँधी जी का पत्रकारिता से गहरा संबंध सन् 1896 के अंतिम 5-6 महीने में हुआ।

   (क) उन्होंने अपनी पत्रकारिता के समय में जहाँ तक हो सका मुंबई, राजकोट, पूना, मद्रास तथा कलकत्ता गए (30) (गाँधी पत्रकारिता)-आरंभिक पृष्ठभूमि और अपने विचारों को कायम रखा।

   (ख) गाँधी जी ने अपनी इस यात्रा में कई बड़े लोगों से संपर्क किया। जैसे- "फिरोजशाह मेहता, जस्टिस, बदरुद्दीन तैयब, रामकृष्ण भंडारकर, न्यायमूर्ति रानडे, लोक मान्य तिलक आदि रहे (30)

इसके पश्चात गाँधी जी ने मद्रास स्टैंडर्ड के संपादक से संपर्क किया और परमेश्वरन ने उनको पूरा सहयोग प्रदान किया।

गांधी जी एक ऐसे व्यक्ति थे जिन्होंने अपने लोगों के साथ-साथ पूरी दुनिया के लोगों को समझाने के चक्कर में पत्रकारिता का होना जरूरी समझा और उन्होंने दक्षिण अफ्रीका में ही पत्रकारिता करना प्रारंभ कर दिया था। 'इंडियन ओपिनियन' के लेखक मदनजीत रे रहे और 1904 में इनका जन्म हुआ। इस अखबार का सच्चे संपादक का बोझ गांधी जी पर ही आया था। यह साप्ताहिक रूप में निकलता था। प्रारंभ में इस अखबार को गुजराती, अंग्रेजी, तमिल, हिंदी आदि भाषा में निकाला जाता था और चार भाषाओं में छपनेवाला यह अखबार भारत के उत्तर और दक्षिण दिशा को कवर किए हुए था।

भारत में स्वयं गांधी जी संपादक के रूप में कार्य भी करते थे। इनकी आत्मकथा में यह भी लिखा है कि जो क्रानिकल पत्र का कार्य संभालते थे वे लोग यंग इंडिया की व्यवस्था पर भी विशेष निगरानी रखा करते थे।

गांधी जी हमेशा यही कहा करते थे कि समाचार पत्र को एक सेवा के रूप में ही चलाना श्रेयस्कर है।

गांधी-पत्रकारिता एक नए अभियान की यात्रा मानी गई है। इस पत्रकारिता के लिए गांधी जी ने समय-समय पर विरोध करके विसंगत परिस्थितियों का सामना किया और इस प्रकार ये तपती पगडंडी की नंगे पाँव की पदयात्रा के रूप में फैली।

गाँधी जी की पत्रकारिता का वर्णन गजानन जी चौहान ने अपने शब्दों में किया।

"ऐसे अनूठे व्यक्तित्व के धनी गाँधी जी का प्रभाव युगीन जीवन के हर क्षेत्र पर पड़ना नितांत स्वाभाविक है। यही कारण है कि इस युग की पत्रकारिता को गाँधी युगीन पत्रकारिता कहा जाता है। 1921 से 1947 तक की हिंदी पत्रकारिता के हर स्तर एवं चरण पर गाँधी समर्पित राष्ट्रीय मुक्ति आंदोलन से युक्त चेतना के स्पंदन प्रतिबिंबित होते हुए दिखाई देते हैं। स्वतंत्रता प्राप्ति के बाद भी हिंदी पत्रकारिता पर गाँधी जी के व्यक्तित्व एवं विचारों का प्रभाव किसी न किसी रुप में बना रहा।" (42)

आज के समय में हम गाँधी जी की पत्रकारिता को अनेक प्रकार के नामों से जानते हैं। जैसे- "आज, भारत मित्र, प्रताप, अभ्युदय, कर्मवीर, कर्मयोगी, हिंदी बंगवासी, सरस्वती, विकास प्रभा," (43)

गाँधी जी का पत्रकारिता में जो प्रभाव रहा उसको हम सर्वोदयी पत्रकारिता के माध्यम से स्मरण रुप में देख सकते हैं। इसी कारण 1948 तक गाँधी जी की पत्रकारिता के संघर्ष और उनकी समरसता दोनों को देखा जा सकता है। सर्वोदय मासिक पत्रिका का जन्म 1938 में सेवाग्राम के माध्यम से हुआ जिसके संपादक काका साहब कालेलकर थे एवं धर्माधिकारी थे।

हरि भाऊ उपाध्याय जी ने 1 जुलाई 1940 को अपने संपादक के रुप में एक जीवन साहित्य मासिक पत्र को सस्ता साहित्य मंडल कनॉट सर्कस नई दिल्ली से निकाला था।

इनके पश्चात काका साहब कालेलकर जी ने 26 जनवरी 1950 में अपने संपादक पद के बने रहने पर 'मंगल प्रभात' नामक एक मासिक पत्र को हिन्दुस्तानी प्रचार सभा के माध्यम से निकाला।

इसके बाद एस. के. जार्ज और श्रीराम किशोर दोनों ने अपने संपादक-सह संपादक के रुप में एक और पत्र 'गाँधी मार्ग' निकाला। यह पत्र त्रैमासिक था। इस पत्र का आरंभ 7 जनवरी 1957 को हुआ था।

ब्रह्म विद्या मंदिर से 'पवनार' पत्र को निकाला गया। यह पत्र 2 फरवरी 1964 को निकला था एवं वही दूसरे पत्र के संपादक का नाम पता नहीं है। देश में गाँधी पत्रकारिता के बाद एक और पत्रकारिता सर्वोदय पत्रिका का अध्याय हमें देखने को मिलता है।

"हरिभाऊ उपाध्याय की त्यागभूमि, आशादेवी आर्यनायकम् की नई तालीम, सर्व सेवा संघ की भूदान यज्ञ, जयपुर से प्रकाशित ग्राम समाज, महिला आश्रम पत्रिका," (44) आदि नाम रहे हैं।

इनके बाद "कस्तूरबा दर्शन, 1949 से बजाजवादी, वर्धा से श्री श्यामलाल के संपादकत्व में प्रकाशित होती रही। 1961 के बाद पत्रिका इंदौर आ गई। कस्तूरबा गाँधी राष्ट्रीय ट्रस्ट इंदौर से प्रकाशित होने लगी।" (44)

इन पत्रिका के पश्चात एक और साप्ताहिक पत्र 'ग्रामराज' के नाम से आया। इसका पहला अंक हम 1 जनवरी 1953 में देख सकते हैं। इस साप्ताहिक पत्र के संपादक रहे सिद्धराज ढडढ़ा। इसके पश्चात एक और साप्ताहिक पत्र आया। इस पत्रिका की शुरूआत 1957 में भूमिक्रांति पत्रिका के नाम से प्रकाशित हुआ और फिर एक और पत्र की शुरुआत इंदौर से निर्मल देशपांडे और नरेंद्र दुबे के संपादक के रुप में 'सर्वोदय साधना' के नाम से 11 सितंबर 1975 को निकाला गया। वही दूसरी तरफ धीरेंद्र कुमार के संपादक के रुप में पटना से 'भूदान यज्ञ' पत्र सन् 1951 में प्रकाशित हुआ।

फिर एक और पत्रिका 'कटाई मंडल पत्रिका' का प्रकाशन शुरू हुआ 1951 में, जिसके संपादक मनु गाँधी रहे। यह पाक्षिक पत्रिका कहलाई और इसके प्रथम अंक की शुरुआत सन् 10 जनवरी 1951 को हुई। इसके बाद एक और पत्रिका 'जागृति' के नाम से प्रकाशित हुई इसको अंग्रेजी में एवं हिंदी दोनों भाषा में निकाला गया। इसके संपादक रहे बैकुंठ लाल मेहता एवं सी. के. नारायण। 1976 में इंदौर से भी एक पाक्षिक पत्रिका को निकाला गया जिसका नाम 'शताब्दी संदेश' था और इस पत्रिका के संपादक रहे प्रेमचंद जैन और महेंन्द्र कुमार। वहीं दूसरी तरफ 1954 के सितंबर के महीने में ही एक मासिक समाचार पत्र को निकाला गया जिसका नाम 'ताउगूड' समाचार था। इस पत्र के संपादक सी. के. नारायण स्वामी और विश्वनाथ खानोलकर थे। उसके पश्चात 1964 में ग्राम 'भावना पत्रिका' का जन्म हुआ। इस पत्रिका के संपादक रहे जगदीश चंद्र जौहर।

इसके बाद एक और मासिक पत्रिका का जन्म हुआ जो 1964 में 'नशा बंदी संदेश' के नाम से नाथूराम योद्यार के संपादक के रुप में निकली। 1969 में राजघाट वाराणसी से एक और मासिक पत्रिका नारायण देसाई के संपादक के रुप में 'तरूण' मन नाम से हुई।

इसके बाद हिंदी और अंग्रेजी दो भाषाओं में एक और त्रैमासिक पत्रिका निकली जिसका नाम 'बुनियादी तालीम' था। और इनमें समावेश के जरिए जिन पत्रिकाओं को शामिल किया गया उनके नाम निम्नलिखित हैं।

"साप्ताहिक, समग्रता, गोग्रास, साप्ताहिक पत्र चला। भूदान, संपादक नारायण जार्ज, पादिक शांति सेवक, मासिक, सत्याग्रह मीमांस, मासिक, आचार्य शुक्ल, मासिक, संस्थाकुल, त्रैमासिक, हरिजन सेवा, आदि नाम विशिष्ट हैं।" (45)

इस प्रकार हम कह सकते हैं कि सच्चे अर्थो में गाँधी, इंडिया रिटर्न्ड वाले व्यक्ति थे। उनका प्रभाव हम उनकी गाँधी पत्रकारिता, साहित्य जीवन व्यवहार आदि रुपों में देख सकते हैं।

आज के समय दुनिया के अनेक देश गाँधी जी के साहित्य, पत्रकारिता से प्रेरणा लेकर सफल होने में लगे हैं।

संदर्भ सूची

1. गाँधी पत्रकारिता के प्रतिमान, लेखक-कमल किशोर गोयनका, प्रकाशक-सस्ता साहित्य मंडल, एन-77, कनाट सर्कस, नई दिल्ली-110001, प्रकाशन वर्ष-2016, गाँधी की पत्रकारिता आरंभिक पृष्ठभूमि।
2. गाँधी और हिन्दी सृजन संदर्भ, लेखक-दयानिधी मित्र, प्रकाशक - सस्ता साहित्य मंडल, एन-77, कनाट सर्कस, नई दिल्ली-110001, प्रकाशन वर्ष-2020।

10

सामाजिक समरसता और महात्मा गाँधी

– *मोहित कुमार, विशाल चौधरी*

सामाजिक समरसता वर्तमान बौद्धिक पटल पर हिलोरें मारता यह शब्द कोई नयी अवधारणा नहीं है। यह शब्द उसी प्राचीन भारतीय संस्कृति में निहित है, जो वर्षों पूर्व सम्पूर्ण विश्व पटल पर 'विश्व गुरु' के रूप में विद्यमान थी। पाश्चात्य सभ्यता के लिए भले ही समरसता नयी अवधारणा होगी परन्तु, हमारे लिए यह नयी अवधारणा कदापि नहीं है। वास्तव में राष्ट्र और समाज के विषय में हम लोग भाग्यशाली रहे हैं। हमारे पास हजारों वर्षों का इतिहास, संस्कृति और मानव सभ्यता की विरासत रही है।[1] हमारी संस्कृति का प्रत्येक अंग हमारे लिए प्रेरणा का अविरल स्त्रोत प्रवाहित करता रहा है। हम अपने पुराणों, अपने इतिहास और अपने महापुरूषों का विश्लेषण करें तो यह मत स्पष्ट रूप से परिलक्षित हो जाता है कि आदि काल से लेकर वर्तमान समय तक युग-पुरूषों ने समाज के छोटे-से-छोटे व्यक्ति को साथ लेकर चलने का प्रयास किया है।[2] इसी प्रयास का परिणाम है कि भिन्न-भिन्न वर्गों व जातियों में बंटे समाज में आज भी समरसता की भावना विद्यमान है।

राम को सरयू पार कर चित्रकूट पहुँचना था तो केवट को साथ लिया। लंका विजय हेतु सेतु निर्माण में वानरों को अपना साथी बनाया। महाभारत की विजय में भगवान श्रीकृष्ण ने शक्ति स्तम्भ का कार्य किया। बचपन में माता यशोदा को अपने मुख में सम्पूर्ण लोक के दर्शन कराने वाले श्रीकृष्ण ने गोवर्धन पर्वत उठाने के लिए सभी ग्वालबालों की लकड़ी की टेक ली। इसी प्रकार इतिहास में चाहे वह छत्रपति शिवाजी हों या महाराणा प्रताप हों, गुरू गोविन्द सिंह हों या फिर महात्मा गाँधी हों, प्रत्येक महापुरूष के जीवन की सफलता के साथ समाज के छोटे-से-छोटे व्यक्ति का नाता अवश्य देखने को मिलता है। सत्य को समझने के लिए इतिहास से बड़ा कोई दृष्टांत हमें नहीं मिल सकता है।

भारतीय इतिहास पर अगर दृष्टिपात किया जाये तो यह सहज ही समझा जा सकता है कि महात्मा गाँधी ने अपने विचारों व स्वयं के प्रयासों से समाज में समरसता लाने का सराहनीय प्रयास किया। उन्होंने अपने सत्य और अहिंसा के विचार से समाज में व्याप्त हिंसा को समाप्त करने का प्रयास किया। उन्होंने सत्य और अहिंसा के प्रयोग के लिए ''ईश्वर ही सत्य है और सत्य ही ईश्वर है।''[4] वाक्य को अपना आधार वाक्य बनाया। महात्मा गाँधी का मानना था कि अहिंसा के माध्यम से ही मनुष्य सत्य के विभिन्न रूपों के अस्तित्व को स्वीकार सकता है।

महात्मा गाँधी ग्राम के स्तर पर सामाजिक समरसता को स्थापित करना चाहते थे। सामाजिक समरसता के लिए गाँधी विकेन्द्रीकृत शासन व्यवस्था को आवश्यक मानते थे।[5] वह बड़े-बड़े कल कारखानों की स्थापना के विरूद्ध थे। वह हमेशा ऐसे प्रजातन्त्र के पैरोकार थे जो अपनी आवश्यकताओं के लिए कभी भी अपने पड़ोसी पर निर्भर न हो। परन्तु, साथ ही वह इस बात पर भी जोर देते थे कि जिन कार्यों में दूसरों का सहयोग अनिवार्य है वह कार्य परस्पर सहयोग से ही पूर्ण

किया जाये। इससे समाज में समरसता की भावना में वृद्धि होगी और समाज उन्नति के शिखर की ओर अग्रसर होगा।

गाँधी जी के सपनों के भारत में सामाजिक समरसता ही वह आधारशिला थी जिस पर शान्तिपूर्ण सहअस्तित्व में विश्वास करने वाले राष्ट्र व सम्पूर्ण विश्व की कार्य व्यवस्था कायम होगी। गाँधी जी सदैव कहा करते थे कि वास्तविक स्वतंत्रता तभी प्राप्त होगी जब आजादी सबसे निचले स्तर से प्रारम्भ होगी। वह ग्राम पंचायत को पूर्ण अधिकार प्रदान करने के समर्थक थे।[6] अर्थात महात्मा गाँधी प्रत्येक गांव को स्वावलम्बी बनाना चाहते थे। ताकि, वह अपनी सम्पूर्ण आवश्यकताओं की पूर्ति स्वयं व परस्पर आपसी सहयोग से कर सकें। जिस समाज का प्रत्येक व्यक्ति इस तथ्य से भली-भांति अवगत हो कि उसे क्या चाहिए और इससे भी बढ़कर यह समझ सके कि बराबरी की मेहनत करके भी दूसरों को जो चीज नहीं मिलती है वह खुद भी नहीं लेनी चाहिए।[7] वास्तव में वह समाज बहुत ही ऊँचे दर्जे वाला समाज होगा और ऐसे समाज की रचना सत्य और अहिंसा पर ही हो सकती है।[8]

महात्मा गाँधी के प्रयास केवल सत्ता की राजनीति तक ही सीमित नहीं थे बल्कि समाज और उसके नेतृत्व का सात्विक आचरण उत्पन्न करने पर भी उनका अधिक जोर रहता था। महत्वाकांक्षा और स्वार्थ से प्रेरित होकर अहंकार और विकारों के आधार पर चलने वाली देशान्तर्गत और वैश्विक राजनीति को उन्होंने पूरी तरह से अमान्य कर दिया था। सत्य, अहिंसा, स्वावलंबन और समन्वय की सच्ची स्वतन्त्रता पर आधारित भारत का जनजीवन हो, देश और मानवता के लिए यही उनका सपना था। गाँधी जी का यह चिंतन उनके जीवन में सदैव साकार प्रतीत होता था।[9] गाँधी जी भली-भांति जानते थे कि पराधीनता के कारण तैयार होने वाली गुलामी की मानसिकता से मुक्ति

का एकमात्र मार्ग गाँधी जी ने शुद्ध स्वदेशी आचरण और सर्वोदय के सिद्धांत को बताया।

महात्मा गाँधी गांवों को सामाजिक पुनर्रचना का आधार बनाते हुए उनमें क्रान्तिकारी बदलाव चाहते थे। वह गांवों में विद्यमान बुराईयों-अस्वच्छता, छुआछूत, अशिक्षा, बेरोजगारी आदि का पूर्णतः उन्मूलन चाहते थे। उनका मानना था कि शहरों द्वारा हो रहा गांवों का शोषण पूर्णतः बन्द हो। वह मानते थे कि शहरों का निर्माण, गांवों के रक्तरूपी सीमेंट से हुआ है। गाँधी जी चाहते थे कि जो रक्त आज नगरों की धमनियों में बह रहा है, वह फिर से गांवों की रक्तवहिकाओं में बहने लगे। अर्थात "अहिंसा पर आधारित समाज गांवों में बसे, ऐसे व्यक्ति-समूहों के रूप में हों जिसमें स्वैच्छिक सहयोग, गरिमामय और शान्तिपूर्ण सह-अस्तित्व की शर्त हो।"[10]

वास्तविक रूप से देखा जाय तो भारत की जीवन व्यवस्था और चिंतन प्रक्रिया में एक अद्‌भुत सामंजस्य रहा है। भारत की आध्यात्मिक, सांस्कृतिक व सामाजिक विकासयात्रा की विरासत को गाँधी जैसे युगपुरुषों ने समय-समय पर जीवंत रूप प्रदान किया है। ब्रिटिश शासन द्वारा तत्कालीन में जिन बुराईयों को स्थापित किया गया, गाँधी के द्वारा उन बुराइयों के प्रति न केवल आलोचनात्मक दृष्टि प्रस्तुत की गयी अपितु वैकल्पिक समाधान भी प्रस्तुत किये गये। वह सामाजिक समरसता को समाज में स्थापित करने के लिए जिन समस्याओं से लड़े, वह समस्याएँ आज भी विभिन्न रूपों में 'मुंह-बाए' हमारे सामने खड़ी हैं। अब हमारा कर्तव्य बनता है कि इन समस्याओं के समाधान के लिए गाँधी जी के विचारों को फिर से समाज में स्थापित कर इन समस्याओं से हमेशा के लिए छुटकारा प्राप्त किया जाये।

संदर्भ सूची

1. मोदी, नरेन्द्र, ''सामाजिक समरस्ता'', प्रभात पेपर बैक्स, नई दिल्ली, 2017, पृ0सं0 23।
2. वही।
3. वही, पृ0सं0 24।
4. यंग इण्डिया, 23.12.1931, पृ0सं0 427।
5. हरिजन, 30 दिसम्बर 1939।
6. सिंह, श्री भगवान (लेख), राजनीतिः गाँधी के सपनों का स्वराज, जनसत्ता, 01 अक्टूबर 2016।
7. स्पीचेंस एंड राइटिंग्स ऑफ महात्मा गाँधी, पृ0सं0 384।
8. https//:janchowk.com लेख, राजू पाण्डेय, गाँधी दर्शनः सामाजिक समरसता की बुनियाद और पर टिकी अर्थव्यवस्था और राजनीति।
9. दैनिक भास्कर (लेख), डॉ0 मोहन भागवत (सर संघचालक, RSS), 02 अक्टूबर, 2019।
10. आचार्य, नन्दकिशोर, सभ्यता का विकल्पः गाँधी दृष्टि का पुनराविष्कार, वाग्देवी प्रकाशन, बीकानेर राजस्थान, 1995, पृ0सं0 91।

11

भाषा-विमर्श व गाँधी

– *संगीता केशरी*

यह वर्ष महात्मा गाँधी की 150वीं जयंती के रूप में पूरे भारतवर्ष में मनाया जा रहा है। भारत एक लोकतांत्रिक देश है और लोकतंत्र का जीवंत स्वरूप वैचारिकी है। इसमें कोई मतभेद नहीं है कि गाँधी भारत की वैचारिकी हैं। गाँधी को समझना एक पूरे युग को समझने जैसा है। इनके विचारों को समझे बिना भारत की राजनीति, दर्शन, साहित्य, संस्कृति, समाज, इतिहास इत्यादि विषयों को पूर्णतः नहीं समझा जा सकता। गाँधी समय की सीमाओं से हटकर देश समाज की आवश्यकता, नैतिकता एवं मर्यादा पर आधारित विचार के रूप में न सिर्फ भारत में अपितु, पूरे विश्व में आज भी विद्यमान हैं।

भाषा एक ओर जहां संप्रेषण का माध्यम है वही समाज एवं देश की एकता, अखंडता का पर्याय भी है। गाँधी यह बात भली-भाँति जानते थे और अपनी युग की आवश्यकता को भी पहचानते थे। इसलिए उन्होंने बहुभाषी भारत के लिए भाषा जैसे विषय पर एक व्यापक दृष्टिकोण रखा है। युगों-युगों तक भाषा क्रांति का माध्यम रहा है। आज के युग में भी भाषा अपनी सभी सीमाएं तोड़कर

वैश्वीकरण के साथ अनेक आयाम पर अपनी भूमिका मजबूती के साथ स्थापित किए हुए है। इसी के साथ शिक्षा, व्यवसाय, प्रशासनिक कार्य, राजनीति, समाज, संस्कृति से जोड़कर अक्सर हम 'राष्ट्रभाषा हिन्दी' या 'हिन्दी की अनिवार्यता' को लेकर बहस सुनते आ रहे हैं। आज गाँधी के भाषा संबंधी विचार से हम इन्हीं बहस के मूल तत्वों को व उनके समाधान को खोजने की कोशिश करेंगे। मूलतः गाँधी के भाषा विमर्श को 21वीं सदी के परिप्रेक्ष्य में समझेंगे।

गाँधी की भाषा नीति बहुत ही वस्तुपरक, व्यावहारिक एवं स्पष्ट है। उनके भाषा संबंधी चिंतन को हरिजन बंधु, हिन्दी नवजीवन पत्रिकाः इंडियन होमरूल व अन्य पुस्तकों तथा महर्षि पुरुषोत्तम दास टंडन एवं अन्य को लिखे पत्रों आदि में देख सकते हैं।

पहली बार 1909 में उन्होंने लिखा *''हर एक पढ़े-लिखे हिंदुस्तानी को अपनी भाषा का, हिंदू को संस्कृत का, मुसलमान को अरबी का, पारसी को पार्शियन का और सब को हिंदी का ज्ञान होना चाहिए। कुछ हिंदुओं को अरबी और कुछ मुसलमानों को और पारसियों को संस्कृत सीखनी चाहिए। उत्तर और पश्चिम में रहने वाले हिंदुस्तानी को तमिल सीखनी चाहिए और हिंदुस्तान के लिए तो हिंदी ही होनी चाहिए उसे उर्दू या नागरी लिपि में लिखने की छूट रहनी चाहिए। हिंदू मुसलमानों के विचारों को ठीक रखने के लिए बहुतेरे हिंदुस्तानियों का दोनों लिपि जानना जरूरी है ऐसा होने पर हम अपने आपस के व्यवहार में से अंग्रेजी को निकाल बाहर कर सकेंगे।*[1] ''

गाँधी *भारतीय भाषाओं के विकास* के पक्षधर थे ना कि अंग्रेजी के विरोधी। वे भारत की बहुभाषिक प्रणाली को एक मजबूत व्यवस्था के रूप में देखते थे जिसका भविष्य में क्रियान्वयन सुरक्षित देखना चाहते थे। हम देख सकते हैं कि भाषा संबंधी संवैधानिक प्रावधानों धारा 344 (1) और 351 में भारतीय भाषाओं के विकास पर महत्वपूर्ण बल दिया गया है।

गाँधी का मानना है कि अंग्रेजी मात्र अभिव्यक्ति की भाषा है जबकि भारतीय भाषाएं भारतीय संस्कृति व विविधता में एकजुटता को परिभाषित करती है। यही वजह है कि उनके भाषा विमर्श में सबसे ज्यादा महत्व मातृभाषा को मिला।

गाँधी बुनियादी शिक्षा की बात करते हैं और इसके लिए सबसे ज्यादा महत्व मातृभाषा को देते हैं। इस संबंध में उन्होंने 'मेरा अपना अनुभव- (हरिजन कथा 1/9/38), 'विदेशी माध्यम का बच्चों पर प्रभाव' (यंग इंडिया 1/9/1921), हरिजन द्वारा लिखित भूमिका, 'अंग्रेजी बनाम मातृभाषा' (यंग इंडिया 2/2/21, हरिजन 1/7/1939; एस. एन. अग्रवाल की पुस्तक 'मीडियम आफ, इंस्ट्रक्शन' की गाँधी जी द्वारा लिखी भूमिका), 'अंग्रेजी बनाम मातृभाषा' (यंग इंडिया 2/2/1921), हरिजन (25-7-1946), जापान का उदाहरण (हरिजन 1-2-42), उच्च-शिक्षा (यंग इंडिया 2-2-21), भाषाई विश्वविद्यालय हरिजन 2-11-4) आदि में अपना विचार अत्यंत तर्कसंगत ढंग से व्यक्त किया है।

1917 में भागलपुर में छात्रों के सम्मेलन में भाषण देते हुए गांधीजी स्पष्ट शब्दों में कहते हैं कि *"मातृभाषा का अनादर माँ के अनादर के बराबर हैं बहुत से लोग यह कहते हैं कि हमारी भाषा में वह शब्द नहीं है कि कुछ विचार प्रकट किए जाएं। जबकि दोष भाषा का नहीं है। उसे बढ़ाना हमारा ही कर्तव्य है।"* गांधी जी ने अपनी शिक्षा योजना में सबसे पहले माध्यम के सवाल को महत्वपूर्ण मानते हुए इस बात पर बल दिया कि भारत के विभिन्न प्रांतों में शिक्षा देने का काम प्रांतीय भाषा में किया जाना चाहिए।

उनका विचार था कि *"बालक का सर्वांगीण विकास उसकी मातृभाषा द्वारा शिक्षा दिए जाने पर ही संभव हो सकता है। दूसरी भाषा द्वारा शिक्षा प्रदान किए जाने पर उसकी क्षमता उभर नहीं पाती।"* वे मानते हैं कि जो संस्कार और मीठे शब्द मां के दूध के

साथ बच्चे को मिलते हैं वे विदेशी भाषा के कारण बालक से दूर हो जाते हैं। आज भी कई शिक्षाविद् भी इस बात का समर्थन करते हैं कि बालक को शिक्षा उसकी मातृभाषा में ही दी जानी चाहिए। नई शिक्षा नीति 2019 के प्रारुप में भी कम से कम पाँचवी कक्षा तक मातृभाषा को पढ़ाने की बात की गई है। किसी भी देश की उन्नति उस देश की भाषाई अस्मिता में मौजूद होती है और इसके लिए जरूरी है कि बालक मातृभाषा को न सिर्फ सीखे बल्कि उससे प्रारंभिक शिक्षा भी ग्रहण करें। उदाहरण स्वरूप हम जापान, चीन, रूस जैसे देशों की उन्नति में मातृभाषा के योगदान को देख सकते हैं।

इन्हीं कारणों से वह शिक्षा में हिंदी भाषी व्यक्ति के लिए किसी अन्य भाषा विशेषतः तमिल, तेलुगू, कन्नड़, मलायलम में से किसी एक को सीखना भी उनकी दृष्टि में उतना ही आवश्यक था, जितना संस्कृत, अरबी, फारसी को सीखना। उनका मानना था कि हिंदी भाषी व्यक्ति को भारतीय भाषा सीखनी चाहिए और अहिंदीभाषी भारतीयों को हिंदी सीखनी चाहिए। आज त्रिभाषा फॉमूला भारतीय भाषाओं के संरक्षण के रुप में देखा जा सकता है।

राजनीतिक स्तर पर गाँधी राष्ट्रभाषा के रूप में हिंदी का समर्थन करते थे। लेकिन, वह अन्य भारतीय भाषाओं को कम नहीं समझते थे। अखिल भारतीय भाषा सम्मेलन लखनऊ में उन्होंने कहा कि, *''राष्ट्र भाषा के प्रचार के लिए हमें भागीरथ प्रयत्न करना होगा। सरकार को, हमें, अपनी भाषा में बोलना और लिखना चाहिए जिनको गरज होगी वह हमारी बात सुनेंगे।*[3]'' यहां देख सकते हैं कि वह राजनीतिक संपर्क के लिए भी हिंदी भाषा का समर्थन करते हैं। उन्होंने कांग्रेस अधिवेशनों में भी हिंदी का खुला समर्थन किया। वर्तमान में देखें तो राजनीतिक नेता हिंदी का प्रयोग जनता के साथ संवाद जोड़ने के लिए करते हैं। साथ ही देश के बड़े नेताओं को अहिंदी प्रांत में वहां की प्रांतीय बोली, भाषा का प्रयोग करते हुए हम सुन सकते

हैं। प्रधानमंत्री के भाषण के प्रारंभ में सदैव स्थानीय भाषा का प्रयोग सुनने में आता है।

प्रांतीय प्रशासन और सरकारी कार्य में कौन सी भाषा का प्रयोग हो, इस पर गाँधी का स्पष्ट मत था कि केंद्र द्वारा अपने कार्यों में प्रयुक्त भाषा हिंदी होनी चाहिए। साथ ही वह केंद्र का प्रादेशिक सरकारों तथा अन्य देशों से पत्र व्यवहार में हिंदी को ही सार्वजनिक महत्व देते हैं। 1924 में उन्होंने बेलगांव में हुए कांग्रेस अधिवेशन के अध्यक्ष पद से बोलते हुए प्रस्ताव रखा कि "*निश्चित अवधि के अंतर्गत प्रांतीय कार्यालयों, विधानमंडलों एवं अदालतों की भाषा, उस प्रांत की भाषा (देशी भाषा) होनी चाहिए। प्रिवी कौंसिल तथा अंतिम अपील की अदालत की भाषा हिंदुस्तानी होनी चाहिए, जबकि लिपि देवनागरी या फारसी हो। अंतराष्ट्रीय कूटनीति की भाषा अंग्रेजी होनी चाहिए।*[4]" आज देश के सरकारी कामकाज में हिंदी में काम न होना चिंता का विषय है लेकिन निचली अदालत में हिंदी कामकाज होना भी एक सराहनीय कदम माना जा सकता है।

1920 को गाँधी जी ने मद्रास के नाम एक अपील निकाली जिसमें लिखते हैं "*राष्ट्र का कारोबार चलाने के लिए या विचार विनिमय के लिए हिंदुस्तानी को छोड़कर दूसरी कोई भाषा शायद ही राष्ट्रीय माध्यम बन सके ..... साथ ही व्यापक अनुभव के आधार पर मेरी यह पक्की राय बनी है कि पिछले दो सालों को छोड़कर बाकी सब सालों में कांग्रेस का करीब-करीब सारा ही काम अंग्रेजी में चलाने से राष्ट्र को बहुत नुकसान उठाना पड़ा है।*[5]" सोशल मीडिया पर आज हम विदेशी कंपनियों का प्रचार-प्रसार हिंदी भाषा में देखते हैं। विज्ञापन की दुनिया में हिंदी का बढ़ता प्रयोग व्यापार में हिंदी के विस्तार को बताता है। यह सकारात्मक प्रयास 21वीं सदी की देन कहा जा सकता है।

गाँधी जी के भाषा-विमर्श के प्रसंग में यह भी प्रश्न उठता है कि उनकी हिंदी-हिंदुस्तानी क्या थी? 1917 में भड़ौच में द्वितीय गुजरात शिक्षा सम्मेलन के अध्यक्ष पद से भाषण देते हुए गाँधी जी ने कहा *''हिंदी मैं उसे कहता हूँ जिसे उत्तरी भारत में हिंदू तथा मुसलमान बोलते हैं तथा जो नागरी या उर्दू लिपि में लिखी जाती है।... हिंदी तथा उर्दू दो अलग-अलग भाषाएं नहीं हैं। शिक्षित लोगों ने उनमें अंतर कर रखा है।*[6]*''* हिंदी और उर्दू दोनों का प्रचार वह हिंदू-मुस्लिम एकता के रूप में देखते थे।

उनका मानना था कि *''हिंदुस्तानी भाषा, राष्ट्र भाषा बन चुकी है हमने सदियों पहले उसका राष्ट्रभाषा के रूप में उपयोग किया है।*[7]*''* राष्ट्रभाषा का प्रश्न आजादी के पहले से लेकर बाद तक एक बड़ा विषय रहा है। आज भी इस पर बहस देखी जा सकती है। वे राष्ट्रभाषा का प्रयोग न करना राष्ट्र का अपमान समझते थे। उन्होंने कहा था कि *''देश सेवा करने के लिए उत्सुक सब हैं परंतु राष्ट्र सेवा तब तक संभव नहीं जब तक कोई राष्ट्र भाषा ना हो।*[8]*''* महात्मा गाँधी ने सन् 1918 में हिंदी साहित्य सम्मेलन के इंदौर के अधिवेशन में हिंदी प्रेम प्रकट करते हुए आह्वाहन किया था कि *''आप हिंदी को भारत की राष्ट्रभाषा बनाने का गौरव प्रदान करें। हिंदी सब समझते हैं इसे राष्ट्रभाषा बनाकर हमें अपना कर्तव्य पालन करना चाहिए।*[9]*''* गाँधी के लिए राष्ट्र सर्वोपरि था, जिसके लिए वे भाषा को अहम रूप से स्वीकारते थे।

गाँधी ने हिंदी के प्रचार-प्रसार में कई संस्थाओं को बढ़ावा दिया। जैसै- गाँधी सेवा संघ, चरखा, संघ, हरिजन से संघ का सारा काम काज हिंदी में होता रहा। इसके अलावा हिंदी प्रचार सभा मद्रास की स्थापना की जिसकी शाखाएं केरल, कर्नाटक, आन्ध्र प्रदेश में खोलीं।

भले ही गाँधी हिंदी और भारतीय भाषा के समर्थक रहे लेकिन गाँधी संपूर्ण भारत के लिए एक लिपि देवनागरी अपनाए जाने के

पक्षधार थे। उनका मानना है कि भारत की भारतीय भाषाएं अगर एक लिपि में पढ़ी-लिखी जाएं तो ज्यादा आसानी होगी। वे बांग्ला, आसामी अन्य कई भाषाओं की पुस्तकों का प्रकाशन नागरी लिपि में प्रकाशित किए जाने पर बल देते रहे।

इस प्रकार हम कह सकते हैं कि गाँधीजी ने आजीवन हिंदी को राष्ट्रभाषा के रूप में मान दिलाने का प्रयत्न किया। उनके प्रयत्न से ही 1947 में जब भारत स्वतंत्र हुआ तब संविधान में हिंदी को संघ की राजभाषा और देवनागरी को राजलिपि स्वीकृत किया गया।

निष्कर्षत:, देखा जाए तो वर्तमान भाषाई परिदृश्य में गाँधी जी का भाषा-चिंतन उतना ही प्रासंगिक और अनुकरणीय है जितना भारत की संरचना में प्रतिष्ठित होने से पूर्व था।

संदर्भ सूची

1. गाँधी, इंडियन होमरुल 1909 अध्याय 18
2. नॉटसन जि.ए., स्पीचेज एंड राइटिंग ऑफ महात्मा गाँधी, 20/2/1918 पृ. संख्या 426
3. गुजराती नवजीवन 1/6/1924
4. गाँधी अध्यक्षीय उद्बोधन बेलगाम कांग्रेस 'रिपोर्ट ऑफ दा 39 इंडियन नेशनल कांग्रेस' 26/12/1924, पृ. संख्या 13-14
5. गाँधी, यंग इंडिया 22/1/20
6. गाँधी, हरिजन सेवक 25/8/1947, पृ.संख्या 221 गुजरात शिक्षा सम्मेलन 1917।
7. नॉटसन जि.ए. स्पीचेज एंड राइटिंग ऑफ महात्मा गाँधी, 25/4/1935 पृ. संख्या 429-30
8. नॉटसन जि.ए. स्पीचेज एंड राइटिंग ऑफ महात्मा गाँधी, 20/4/1917 पृ. संख्या 430

12

राष्ट्रभाषा के परिप्रेक्ष्य में गाँधी के विचार

– *ज्योति*

भाषा मानव-मन में जन्म लेने वाली विभिन्न भावनाओं की अभिव्यक्ति का साधन है। मनुष्य को एक सामाजिक प्राणी कहा जाता है और समाज में रहने के लिए उसे हमेशा ही विचार-विनिमय करना पड़ता हैं। किसी भी व्यक्ति के लिए विचारों का यह आदान-प्रदान केवल भाषा के माध्यम से ही संभव हो पाता है। ये विचार कभी तो शब्दों के माध्यम से व्यक्त किये जाते हैं तो कभी संकेतों के माध्यम से। भाषा के बगैर मनुष्य एक-दूसरे के पास रहकर भी दूर रहते हैं। व्यापकता की बात करें तो, भोलानाथ तिवारी के अनुसार, "*भाषा वह साधन है, जिसके माध्यम से हम सोचते हैं तथा अपने विचारों को व्यक्त करते हैं।*"[1]

व्युत्पत्ति के आधार पर देखें तो 'भाषा' शब्द संस्कृत की 'भाष्' धातु से बना है, जिसका अर्थ है- बोलना या कहना। अर्थात् 'भाषा' वह है जिसे बोला जाए। भाषा विज्ञान में जिस भाषा का

अध्ययन-विश्लेषण किया जाता है उसमें उन सभी साधनों को नहीं लिया जाता है, जिसके द्वारा हम विचारों को व्यक्त करते हैं और न उसे लिया जाता है, जिसके द्वारा हम सोचते हैं। भाषा-विज्ञान के अनुसार, भाषा वह है जो बोली और सुनी जाती है और बोलना भी पशु-पक्षियों का नहीं, गूंगे मनुष्यों का भी नहीं, केवल बोल सकने वाले मनुष्यों का। इस प्रकार भोलानाथ तिवारी के अनुसार, भाषा की अधिक व्यवस्थित और समावेशी परिभाषा हुई–"*भाषा मानव-उच्चारण अवयवों से उच्चरित या दृच्छिक ध्वनि प्रतीकों की वह संरचनात्मक व्यवस्था है, जिसके द्वारा समाज विशेष के लोग आपस में विचार-विनिमय करते है, लेखक, कवि या वक्ता के रूप में, अपने अनुभवों एवं भावों आदि को व्यक्त करते हैं तथा अपने वैयक्तिक और सामाजिक, व्यक्तित्व विशिष्टता तथा अस्मिता* (identity) *के संबंध में जाने-अनजाने जानकारी देते हैं।*"[2]

विद्वानों के अनुसार भाषा को एक अर्जित सम्पत्ति कहा जाता है क्योंकि कोई भी व्यक्ति जन्म के साथ ही अपने समाज की भाषा का प्रयोग नहीं करने लगता। वह भाषा का ज्ञान अपने समाज से प्राप्त करता है, उसे सीखता है। प्रत्येक समाज में हर वस्तु, भाव, विचार के लिए कुछ शब्द प्रचलित होते हैं, जिन्हें हम प्रतीक कह सकते हैं, इन्हीं प्रतीकों को व्यक्ति अपने समाज से ग्रहण करता है और इसके माध्यम से अपने विचारों को दूसरों तक सम्प्रेषित कर पाता है।

वह भाषा ही है जो व्यक्ति को समाज से जोड़ती है। व्यष्टि से समष्टि की यात्रा बिना भाषा के असंभव है। विश्व का प्रत्येक व्यक्ति भीड़ से अलग पहचान बनाना चाहता है और उस पहचान को बचाये रखने के प्रयास करता है। समाज भी इसका अपवाद नहीं है। भिन्न-भिन्न सामाजिक वर्ग अपनी पहचान बनाने और उसे कायम रखने के लिए अनेक प्रयास करते हैं। भाषा के माध्यम से भी सामाजिक वर्ग अपनी अस्मिता को बनाए रखने का प्रयास करते हैं।

भाषा उन्हें एक पहचान देती है और उससे प्रयोक्ता का व्यक्तित्व भी प्रभावित होता है और दूसरों को भी प्रभावित करता है।

यदि हम किसी स्वतंत्र राष्ट्र की कल्पना करते हैं तो उस स्वतंत्र राष्ट्र का जो बिम्ब हमारे मस्तिष्क में बनता है, उसमें उस राष्ट्र का अपना एक राष्ट्रध्वज होता है, उसका अपना राष्ट्रगान होता है तो साथ ही साथ उसकी अपनी एक राष्ट्रभाषा भी होती है। यह राष्ट्रचिन्ह ही वास्तव में किसी भी राष्ट्र को जोड़े रखने का महत्वपूर्ण कार्य करते हैं। किसी भी राष्ट्र के निर्माण के लिए 'राष्ट्रभाषा' आवश्यक तत्वों में से एक है, इसके बगैर किसी भी राष्ट्र का निर्माण लगभग असंभव है। शायद यही कारण है कि दुनिया के तमाम राष्ट्रों की अपनी एक राष्ट्रभाषा होती है। वास्तव में राष्ट्रभाषा ही वह माध्यम है, जो देश के समस्त नागरिकों के बीच एक भावनात्मक संबंध स्थापित कर उन्हें एक सूत्र में पिरोने का कार्य करती है।

डॉ. रश्मि सिंह, राष्ट्रभाषा के संबंध में अपने विचार व्यक्त करते हुए कहती हैं कि *"राष्ट्रभाषा राष्ट्र की भावात्मक एकता की आधारशिला है। वह जितनी उन्नत, गतिशील, बोधगम्य तथा सरल होगी राष्ट्र के लिए उतनी ही शक्ति सम्पन्न कही जाएगी। राष्ट्रभाषा के अभाव में, भावात्मक एकता के अभाव में देश टूट जाता है, विखंडित हो जाता है। इसलिए, यद्यपि प्रत्येक देश में क्षेत्रीय भाषाएं होती हैं, प्रादेशिक तथा आंचलिक भाषाएँ होती हैं, किन्तु देश के अंचलों को, क्षेत्रों तथा प्रदेशों को एक सूत्र में बाँधने के लिए राष्ट्रभाषा की आवश्यकता होती है।"*[3]

राष्ट्रभाषा का शाब्दिक अर्थ है- समस्त राष्ट्र में प्रयुक्त भाषा अर्थात् आमजन की भाषा (जनभाषा)। जो भाषा समस्त राष्ट्र में जन-जन के विचार-विनिमय का माध्यम हो, वह राष्ट्रभाषा कहलाती है। राष्ट्रभाषा राष्ट्रीय एकता एवं अंतर्राष्ट्रीय संवाद सम्पर्क की आवश्यकता की उपज होती है। राष्ट्रभाषा को सम्पूर्ण देश की सम्पर्क-भाषा के रूप

में परिभाषित किया जा सकता है। भोलानाथ तिवारी के अनुसार, *"आदर्श भाषा तो केवल उसी क्षेत्र में रहती है, जैसे हिंदी, खड़ी बोली राजस्थान, उत्तरप्रदेश तथा बिहार आदि की परिनिष्ठत या आदर्श भाषा है। किन्तु, जब कोई बोली, आदर्श भाषा बनने के बाद भी उन्नत होकर और भी महत्वपूर्ण बन जाती है तथा पूरे राष्ट्र या देश में अन्य भाषा क्षेत्र तथा अन्य भाषा-विचार क्षेत्र में भी उसका प्रयोग सार्वजनिक कामों आदि में होने लगता है तो वह राष्ट्रभाषा का पद पा जाती है।"*[4]

भारत की राष्ट्रभाषा के संबंध में विचार करते हुए हमें यह ध्यान रखना होगा कि भारत आज भले ही एक स्वतंत्र राष्ट्र है परन्तु, इस स्वतंत्रता को प्राप्त करने के लिए भारतवासियों ने एक लम्बी लड़ाई लड़ी है। विभिन्न नेताओं और महापुरुषों ने इस आंदोलन में अपनी महत्वपूर्ण भूमिका निभाई और समस्त भारतवासियों को इस आंदोलन में ब्रिटिश शासन के विरूद्ध एक साथ खड़े होने के लिए प्रेरित किया। भारत के लिए यह एक ऐसा दौर था, जो विरोध केवल ब्रिटिश शासन का ही नहीं था वरन् अपने समाज की विषमताओं का विरोध भी आवश्यक था। उस समय भारत में उच्च वर्ग और निम्न वर्ग के बीच की खाई बढ़ती ही जा रही थी। सम्पन्न जमींदार, गरीब किसानों का हर प्रकार से शोषण कर रहे थे, महिलाओं की स्थिति भी बदतर हालत में थी और जनता अपने क्षेत्रीय मुद्दों में उलझी हुई थी। ऐसे में जनता को 'अखंड भारत' के स्वप्न को पूर्ण करने के लिए एक करना अत्यंत दुष्कर कार्य था। जनता को एक सूत्र में पिरोने की आवश्यकता थी, जिसके लिए एक ऐसी भाषा की आवश्यकता थी जिसमें सम्पूर्ण राष्ट्र को जोड़े रखने की शक्ति हो और इस आवश्यकता की पूर्ति हिंदी ने की। विभिन्न समाजसुधारकों, क्रांतिकारियों और नेताओं ने हिंदी के माध्यम से सभी वर्गों को एक करने का प्रयास किया। ऐसा नहीं है कि राष्ट्रभाषा के पद के लिए अन्य भाषाओं पर विचार नहीं किया गया था परन्तु, हर भाषा की

अपनी सीमाएं थीं। उदाहरण के लिए हम राष्ट्रभाषा के लिए उपलब्ध अन्य भाषाओं की शक्ति और सीमा पर विचार कर सकते हैं।

सर्वप्रथम हम राष्ट्रभाषा के रूप में 'असमिया' की शक्ति एवं सीमाओं पर विचार करेंगे। राष्ट्रभाषा का सर्वप्रथम गुण होता है कि देश की अधिकतर जनता उस भाषा को बोलती समझती हो और असमिया को भारत में बोलने वालों की संख्या लगभग एक करोड़ होगी, और भारत में इसका स्थान बारहवां है, जबकि हिंदी का स्थान विश्व में तीसरा है। राष्ट्रभाषा की एक विशेषता उसका सरल होना भी है और इस कसौटी पर असमिया भाषा खरी नहीं उतरती। भाषा-विज्ञान की दृष्टि से भी असमिया कम वैज्ञानिक है। परिणामतः राष्ट्रभाषा के लिए असमिया, हिंदी से पीछे रह जाती है।

राष्ट्रभाषा के रूप में जब हम 'गुजराती' भाषा की शक्ति और सीमा की बात करते हैं तो यह जान लेना आवश्यक है कि इसकी उत्पत्ति सौरसेनी के नागर अपभ्रंश से हुई है। इसलिए इसे प्राचीन भाषा का दर्जा तो प्राप्त है परन्तु, यह केवल गुजरात में ही बोली जाती है इसलिए इसे राष्ट्रभाषा की अपेक्षा प्रांतीय भाषा कहना अधिक उचित होगा। वही हिन्दी, केवल राष्ट्रीय ही नहीं अंतर्राष्ट्रीय स्तर की भाषा है। आधुनिक हिंदी साहित्य के प्रवर्त्तक साहित्यकार लल्लूलाल स्वयं गुजराती होते हुए भी हिंदी को ही राष्ट्रभाषा के रूप में स्वीकार करते हैं।

'पंजाबी' भाषा का प्रसार, पंजाब तक ही सीमित है और इसलिए यह भी सार्वदेशिक भाषा बन पाने में अक्षम है। इसलिए जब राष्ट्रीय भाषा का चुनाव होने लगा तो किसी की निगाह इस ओर नहीं गयी। यह हिंदी भाषा से मिलती-जुलती है, इसका कारण यह है कि दोनों ही भाषाओं की उत्पत्ति आर्यभाषा से ही हुई है, परन्तु, विस्तार की दृष्टि से यह हिंदी से पीछे हो जाती है।

'तमिल' भाषा का प्रयोग दक्षिण भारत में किया जाता है। यूँ तो तमिल, हिंदी से बिलकुल भिन्न भाषा है और दोनों का व्याकरण भी

एक-दूसरे से भिन्न है परन्तु, तमिल पर संस्कृत का पूरा प्रभाव है और संस्कृत के शब्दों का समावेश भी तेलगु में हुआ है। इसके बाद भी तमिल, प्रांतीय स्तर की भाषा है और सारे भारत में प्रसार की इसकी क्षमता नहीं है। यही कारण है कि डॉ. सुब्बा राव, राजगोपालाचारी सभी ने हिंदी को ही राष्ट्रभाषा के रूप में स्वीकारा है।

राष्ट्रभाषा के रूप में 'उड़िया' पर विचार करते हैं तो यह स्पष्टतः दिखाई देता है कि राष्ट्रभाषा के तत्वों का इस भाषा में अभाव है। प्रादेशिक भाषा होने के साथ-साथ इस भाषा में सरलता का भी अभाव है और इसे बोलने वालों की संख्या एक करोड़ से भी कम है। इसके अलावा यदि इस भाषा का प्रयोग दक्षिण भारत के अन्य प्रांतों में किया जाये तो लगभग न के बराबर लोग ही इसे समझ पाएंगे क्योंकि वहां कन्नड़, तेलगु आदि भाषा का प्रयोग किया जाता है। वही हिंदी भाषा अंतरप्रांतीय होने के नाते सर्वव्यापक है इसलिए राष्ट्रभाषा के पद के लिए उड़िया भी हिंदी से काफी पीछे कही जा सकती है।

इस प्रकार भारत की विभिन्न क्षेत्रीय भाषाओं की तुलना से यह स्पष्ट हो जाता है कि क्षेत्रीय भाषाओं में ऐसी कोई भाषा नहीं है जो हिंदी से स्पर्धा कर सके। इसलिए हिंदी को ही राष्ट्रभाषा बनाने की निर्णय लिया गया।

यह सर्वविदित है कि स्वाधीनता आंदोलन में एक बड़ा बदलाव गाँधी जी के भारत आगमन से हुआ, उन्होंने न केवल इस आंदोलन को आगे बढ़ाया बल्कि सम्पूर्ण भारतवासियों को एक करने में भी महत्वपूर्ण भूमिका निभाई। उन्होंने स्वाधीनता आंदोलन के लिए सभी वर्गों की एकता पर बल दिया तथा देश के हर वर्ग को चाहे वह स्त्री हो या पुरुष, उच्च वर्ग का हो या निम्न वर्ग का, सबको उनकी महत्ता का एहसास करवाया और उन्हें राष्ट्रीय आंदोलन से जोड़ा। उन्होंने स्वयं आंदोलन के समय देश को एक भावात्मक संबंध में जोड़े रखने के लिए राष्ट्रभाषा के रूप में हिंदी को स्वीकार किया।

परन्तु, गाँधी जी जिस हिंदी को राष्ट्रभाषा बनाने की पैरवी करते हैं वास्तव में उसका निर्माण मुगलकाल में ही हो गया था। मध्यकाल में साहित्य की रचना क्षेत्रीय भाषाओं में हो रही थी तथापि हिन्दुओं की सांस्कृतिक भाषा के रूप में अभी भी संस्कृत का ही उपयोग हो रहा था जो कि आमजन की भाषा नहीं थी। वहीं दूसरी ओर मुगल दरबारों में अरबी-फ़ारसी का प्रयोग हो रहा था परन्तु, इस सबके बीच मुगल शासकों का जनता से सम्पर्क स्थापित करना आवश्यक था और यह सम्पर्क बिना भाषा के असंभव था, इसलिए दरबार के लोगों ने हिंदी पढ़नी शुरू की, परन्तु अरबी-फ़ारसी का प्रभाव उनकी भाषा पर बना रहा। फलस्वरूप हिंदी का एक नया रूप विकसित हुआ, जिसे 'हिंदुस्तानी' भी कहा जाता है।

हिंदी भाषा के संबंध में अपने विचार प्रकट करते हुए गाँधी जी कहते हैं कि *"हिन्दी, भाषाओं में सरल तथा बोधगम्य है। इस भाषा को हम थोड़ा अभ्यास से सीख सकते हैं। अंग्रेजी एक विदेशी तथा कठिन भाषा है। इसलिए अधिक श्रम तथा अभ्यास करके भी हम उसमें दक्षता प्राप्त नहीं कर सकते। हिंदी भाषा, भारतीयों के बीच लोकप्रिय तथा व्यापक है, इस भाषा को उत्तर भारत में हिन्दू-मुसलमान बोलते हैं। मध्यप्रदेश तथा पंजाबवासी बोलते हैं। बंगाल के बंगाली भाई मात्र अपने प्रदेश में ही बांग्ला बोलते हैं। बंगाल के बाहर वे हिंदी ही बोलते हैं और समझते हैं। गुजरात के लोग भी हिन्दी बोल तथा समझ लेते हैं। अस्तु, हर पाठशाला में स्वभाषा यानी मातृभाषा के अतिरिक्त हिंदी भाषा का शिक्षण दिया जाना चाहिए। इसके बगैर भारत एक राष्ट्र नहीं बन सकता।"*[5]

महात्मा गाँधी, हिन्दी को राष्ट्रभाषा के रूप में विकसित करना चाहते थे और उनके अनुसार राष्ट्र के हित के लिए यह अत्यंत आवश्यक था। इसलिए हिन्दी के विकास हेतु गाँधी जी ने पूरे भारत में आंदोलन चलाए। हिन्दी के प्रचार-प्रसार हेतु विभिन्न संस्थाओं का

गठन किया गया। हिन्दी साहित्य सम्मेलन प्रयाग, नागरी प्रचारिणी तथा वाराणसी आदि के साथ-साथ अहिन्दी भाषी क्षेत्रों में भी हिन्दी के विकास के लिए संस्थाओं का निर्माण किया गया जिनमें राष्ट्रभाषा प्रचार समिति वर्धा और इसकी प्रांतीय समितियां, दक्षिण भारत हिन्दी प्रचार सभा मद्रास, हिन्दी प्रचार सभा हैदराबाद, बंबई हिंदी विद्यापीठ, महाराष्ट्र राष्ट्रभाषा सभा पुणे, असम राष्ट्रभाषा प्रचार समिति गुवाहाटी, केरल हिन्दी प्रचार सभा, मैसूर हिन्दी प्रचार परिषद बैंगलोर आदि प्रमुख हैं।

महात्मा गाँधी ने हिन्दी को स्वराज प्राप्ति के लिए एक हथियार के रूप में प्रयोग किया और इसकी व्याख्या करते हुए वे कहते हैं कि *"हिन्दी वह भाषा है जिसको उत्तर-भारत के हिन्दू और मुसलमान बोलते हैं तथा वह नागरी और उर्दू लिपि में लिखी जाती है। यह न तो एकदम संस्कृतमयी है और न एकदम अरबी-फ़ारसी शब्दों से लदी हुई। कुछ हिन्दुओं को अरबी फ़ारसी सीखनी चाहिए और कुछ मुसलमानों को संस्कृत। ऐसा करके अंग्रेज़ों को सर्वदा के लिए हिन्द से बाहर कर देंगे।"*[6]

उपर्युक्त कथन से यह तो स्पष्ट है कि गाँधी जी हिन्दुस्तानी अर्थात हिन्दी-उर्दू मिली हुई भाषा के हिमायती थे। इसलिए उन्होंने दोनों भाषा और दोनों लिपियों को सीखने पर बल दिया। राष्ट्रभाषा के रूप में हिन्दुस्तानी को स्थापित करने के पीछे उनका एक कारण यह भी था कि इससे समाज में जो वैमनस्य बढ़ रहा था वह भी समाप्त होता। वे मानते थे कि भाषायी एकता ही राष्ट्रीय एकता को बनाये रखने में महत्वपूर्ण भूमिका निभाती है।

स्वतंत्रता आंदोलन को एक नए मुकाम तक पहुंचाने में हिन्दी का महत्वपूर्ण योगदान था। विभिन्न नेता जनता तक अपनी बात पहुंचाने के लिए हिन्दी में भाषण देते थे जिससे ज्यादा से ज्यादा जनता उनसे जुड़ सके। वास्तव में स्वाधीनता आंदोलन में हिन्दी ने केवल एक

भाषा की ही भूमिका नहीं निभाई वरन् वह उस धागे के समान थी जिसमें पूरे राष्ट्र को एक साथ पिरोया जा रहा था। स्वयं रामविलास शर्मा इस विषय पर अपने विचार व्यक्त करते हुए लिखते हैं कि *"स्वाधीनता आंदोलन के समय महात्मा गाँधी जीवित थे। अंग्रेजी में भी उन्होंने बहुत कुछ लिखा था किन्तु, वे भारतीय भाषाओं के समर्थक थे। वे न इन भाषाओं पर हिन्दी लादना चाहते थे, न हिन्दी लादने का हौआ खड़ा करके अंग्रेजी बनाये रखने के पक्ष में थे। वह भारत के उन नेताओं में थे जो अहिन्दी भाषी होते हुए भी देश में सर्वत्र, और उत्तर भारत में विशेष रूप से, अपने हिन्दी भाषणों द्वारा जनता को मोह लेते थे।"*[7]

संक्षेप में हम यह कह सकते हैं कि जिस प्रकार सम्प्रेषण की आत्मा भाषा है, ठीक उसी प्रकार राष्ट्र की आत्मा, राष्ट्रभाषा है और किसी भी राष्ट्र के लिए राष्ट्रभाषा का प्रश्न केवल भाषिक लिपि या भाषण का नहीं होता। यह उस राष्ट्र की संस्कृति, प्रगति और भविष्य से जुड़ा होता है। ब्रिटिश सरकार ने भारत पर केवल अपनी शासनगत नीतियां ही नहीं वरन् अपनी भाषा थोपने का प्रयास भी किया था और यह प्रयास वास्तव में भारत की आत्मा पर एक कड़ा प्रहार था जिसका विरोध स्वाधीनता संग्राम के दौरान किया गया था और इस विरोध को आवाज़ देने का कार्य गाँधी जी ने हिंदी के माध्यम से किया। गाँधी जी मानते थे कि राष्ट्रभाषा के बिना राष्ट्र गूंगा होता है और इसलिए उन्होंने भारत की राष्ट्रभाषा के रूप में हिन्दी को चुना तथा इसके प्रचार-प्रसार के लिए अपना महत्वपूर्ण योगदान दिया। फलस्वरूप हिन्दी न केवल भारत की राष्ट्रभाषा बनी अपितु, आज यह विश्व में तीसरी सबसे अधिक बोली जाने वाली भाषा भी है।

संदर्भ सूची

1. भाषा विज्ञान - भोलानाथ तिवारी, पृ. 1
2. वहीं, पृ. 5।

3. राष्ट्रीय आंदोलन व गांधी जी की भाषागत नीति - डॉ. रश्मि सिंह, पृ. 17।
4. भाषा विज्ञान - भोला नाथ तिवारी, पृ. 87।
5. गाँधी हिंदी दर्शन - संपा : श्री गोपाल प्रसाद व्यास, पृ. 21।
6. हिन्द स्वराज 1909, पृ. 154।
7. भाषा और समाज - रामविलास शर्मा, पृ. 370।

13

गाँधी और वैश्वीकरण के पश्चात् का भारत

– उमा

आज विश्व की लगभग सारी अर्थव्यवस्था वैश्वीकरण के दौर में है। यह प्रक्रिया 80 के दशक के पश्चात् से और तेज हो गयी। सभी देशों में उत्पादन में विविधता, उत्पादन की पद्धति में विविधता, मशीनीकरण का उपयोग कर अधिक से अधिक मुनाफा कमाने की जैसे होड़ सी लग गयी। मुक्त बाजार व्यवस्था, उपभोग की तृष्णा को बढ़ाने में आग में घी का काम कर रही है। इसकी संतुष्टि के लिए अनावश्यक वस्तुओं का उत्पादन हो रहा है। इससे मनुष्य का समाज से संबंध और मनुष्य का प्रकृति से संबंध अत्यधिक प्रभावित हो रहा है। सामाजिक असंतोष और पर्यावरण की क्षति इसी के परिणाम हैं। गाँधी के विचार में इस प्रकार की मुक्त बाजार व्यवस्था, आर्थिक स्वतंत्रता का द्योतक न होकर, आर्थिक परतंत्रता का लक्षण है। गाँधी के विचार में आर्थिक स्वतंत्रता श्रम से मुक्ति नहीं है, मशीनी व्यवस्था को आत्मसात् करना नहीं है बल्कि उनका कम-से-कम उपयोग कर श्रमिक की कुशलता को उजागर करना है ताकि मशीनें मनुष्य की जीवन शैली को नियंत्रित

न कर सकें। किसी भी स्थिति में गाँधी यह नहीं चाहते थे कि मशीन मनुष्य को नितांत श्रम-मुक्त करे। श्रमविहीन मनुष्य की आर्थिक परतंत्रता बढ़ जाती है, घटती नहीं। भारत के परिप्रेक्ष्य में अगर हम वैश्वीकरण को देखें तो इस प्रकार की मुक्त बाजार व्यवस्था ने हमें करारा झटका दिया है। 2000 के दशक के पश्चात् से अर्थव्यवस्था ने एक नयी करवट ली है। कृषि का सकल घरेलू उत्पाद में सहयोग बहुत ही कम हो गया है और वहीं पर सेवा के क्षेत्र में योगदान में अत्यधिक बढ़ोतरी हुई है। यह वृद्धि आर्थिक संवृद्धि तो कर रही है परन्तु उस रफ्तार से रोजगार का सृजन नहीं कर पा रही है। अगर आज हम गाँधी के चिंतन की आर्थिक प्रासंगिकता की बात कर रहे हैं तो वह कहीं न कहीं दरकिनार होती हुई दिखाई पड़ रही है।

सादा जीवन और उच्च चिन्तन की अवधारणा विलीन होती जा रही है। गाँधी जी ने यंग इंडिया (30-4-31) में जो लिखा है मानो वह आज भी सटीक है, "हम मुट्ठीभर लोग, जो सामान्य जनता के लिए चिन्तन करने का दावा करते हैं, सुख-सुविधाओं वाले उच्च जीवन की निरर्थक खोज में उच्च चिन्तन को खोने की जोखिम उठा रहे हैं।"

गाँधी जी वैश्वीकरण के खिलाफ कदापि नहीं थे। यंग इंडिया (26-3-31) में उन्होंने स्पष्ट शब्दों में कहा है, "पूर्ण स्वराज्य की मेरी कल्पना दूसरे देशों से कोई नाता न रखने वाली स्वतंत्रता की नहीं, बल्कि स्वस्थ और गंभीर किस्म की स्वतंत्रता की है।" उनकी राय में, "अपनी सम्पत्ति का उपयोग इस तरह करो कि पड़ोसी की सम्पत्ति को कोई हानि न पहुँचे।" उनके द्वारा यह कहना कि, राष्ट्रवाद में कोई बुराई नहीं है; बुराई तो उस संकुचन, स्वार्थवृत्ति और बहिष्कारवृत्ति में है, जो मौजूदा राष्ट्रों के मानस में जहर की तरह मिली हुई है। हर एक राष्ट्र दूसरे की हानि करके अपना लाभ करना चाहता है और उसके नाश पर अपना निर्माण करना चाहता है। उनके यह पड़ोसी

देश के प्रति उनकी एक जिम्मेदार भावना को प्रदर्शित करते हैं। (यंग इंडिया 19-6-25)

गाँधीजी के विचार से बड़े पैमाने पर होने वाला सामूहिक उत्पादन ही दुनिया की मौजूदा संकटमय स्थिति के लिए जिम्मेदार है। वह यंत्रीकरण के खिलाफ नहीं थे। उनके ही शब्दों में, "ऐसे सादे औजारों साधनों या यंत्रों का जो व्यक्ति की मेहनत को बचाये और झोंपड़ियों में रहने वाले लाखों-करोडों लोगों का बोझ कम करे, मैं जरूर स्वागत करूंगा।" (यंग इंडिया 17-6-26)

उन्होंने कहा, "यंत्रों का सदुपयोग तो यह कहा जायगा कि उससे मनुष्य के प्रयत्न को सहारा मिले और उसे वह आसान बना दे। यंत्रों के मौजूदा उपयोग का झुकाव तो इस ओर ही बढ़ता जा रहा है कि कुछ इने-गिने लोगों के हाथ में खूब सपंत्ति पहुँचाई जाय और जिन करोड़ों स्त्री-पुरुषों के मुँह से रोटी छीन ली जाती है, उन बेचारों की जरा भी परवाह न की जाय।"

वैश्वीकरण का दौर हमें कुछ हद तक इस दिशा की तरफ ही अग्रसर दिखाई पड़ रहा है। अगर हम आर्थिक सुधार के बाद मौजूदा हालात को देखें तो सबसे ज्यादा रोजगार का सृजन हम construction और manufacturing (विनिर्मित) क्षेत्र में देख रहे हैं परन्तु इसकी गति हाल के वर्षों में धीमी होती दिखाई दे रही है। सेवा क्षेत्र का बोलबाला है जो पूर्णतया यंत्रों पर आधारित होता जा रहा है और श्रमिकों की माँग कम कर रहा है। प्रचुर आबादी वाले देश में अत्यधिक मात्रा में मशीनों का उपयोग उसे विकास की उल्टी दिशा में ले जायगा।

गाँधी जी ने कहा है, "बड़े पैमाने पर उद्योगीकरण का अनिवार्य परिणाम यह होगा कि ज्यों-ज्यों प्रतिस्पर्धा और बाजार की समस्याएँ खड़ी होंगी, त्यों-त्यों गाँवों का प्रगट या अप्रगट शोषण होगा।" अगर हम वैश्वीकरण के पश्चात् गाँवों की स्थिति पर नजर डालें तो गाँव

और शहरों की खाई में कोई खास कमी नहीं आयी है। नगरीकरण की प्रक्रिया बहुत ही धीमी गति से बढ़ रही है। 1990 के दशक का आँकड़ा इसे 28 प्रतिशत दर्शाता है तो 2020 के दशक में यह बढ़कर करीबन 33 प्रतिशत तक ही पहुँच पाया है। भारत के बहुत सारे गाँव अभी भी शैक्षणिक, बौद्धिक, आर्थिक और सामाजिक रूप से पीछे हैं।

गाँधी जी आर्थिक विकास के लिए राज्य सरकारों की बड़ी भूमिका की हिमायत करते थे, उनके ही शब्दों में, "मैं अमीरों से उनकी सम्पत्ति बलपूर्वक नहीं छीनूंगा, बल्कि मुक्त उद्योगों पर राज्य की मालिकी कायम करने की प्रक्रिया में उनका सहयोग माँगूंगा।" परन्तु वैश्वीकरण के पश्चात् राज्यों की भूमिका क्षीण पड़ती जा रही है। निजीकरण ही एकमात्र उपाय दिख रहा है। उत्पादन की गति बढ़ाने में, कुशल और सुंदर उत्पाद बनाने में। इससे अमीर और गरीब के बीच की खाई बढ़ रही है। 1990 के दशक के पश्चात् से असमानता दर में सबसे अधिक वृद्धि भारत में हुई जिस पर 'विश्व मुद्रा कोष' ने भी प्रश्न खड़ा किया है। यह व्यवस्था मुनाफा बढ़ाने के लिए अधिक-से-अधिक एकेन्द्रिकरण को बढ़ावा दे रही है।

गाँधी जी ने माना कि "यदि मजदूर, मिल-मालिकों की बुद्धि हासिल कर लें, तो मिल-मालिकों को मजदूरों को दी हुई शर्तों पर काम करना पड़ेगा।" लेकिन, यह स्पष्ट है कि मजदूरों में वह बुद्धि कभी नहीं आ सकती। अगर वे वैसी बुद्धि प्राप्त कर लें तो मजदूर मजदूर ही न रहें और मालिक बन जायें। पूंजीपति केवल पूँजी की ताकत पर नहीं लड़ते; उनके पास बुद्धि और कौशल भी है।

वैश्वीकरण के बाद का भारत, संगठित क्षेत्र में रोजगार सृजित करने में अधिक कामयाब नहीं हो पाया है। अभी भी हमारे देश में लगभग 87 प्रतिशत की श्रमिक आबादी असंगठित क्षेत्र में कार्यरत है जहाँ उन्हें अपनी मजदूरी को लेकर हमेशा असंभावना बनी रहती है। दूसरा डर उनके अंदर "कभी भी रोजगार प्राप्त और कभी भी रोजगार

से निष्कासित हो जाने" का बना रहता है। यही वजह है कि वह इस चक्रव्यूह से बाहर नहीं निकल पाते। अगर वह किसी वजह से रोजगार से निकाले गये तो बाहर लम्बी कतार है जो उससे भी कम मजदूरी में कार्य करने के लिए तैयार है। मजदूर अपने स्वयं के वर्ग में भी संगठित नहीं है जिसके कारण उनकी स्थिति में सुधार नहीं हो रहा। जरूरत इस बात की है कि मजदूरों को अपने कौशल का विकास करना चाहिए तभी वे एक से अधिक कार्यों में अपना योगदान कर अपनी स्थिति में सुधार ला सकते हैं।

वैश्वीकरण के सकारात्मक पक्ष को यदि हम देखें तो आर्थिक सुधार के बाद मजदूरों के लिए कई ऐसे अवसर खुले हैं; जरूरत है उनके आगे बढ़ने की और अपनी कुशलता में वृद्धि कर उन अवसरों को हासिल करने की। गाँधी ने बेरोजगारी की समस्या को बहुत ही गंभीरतापूर्वक लिया था। उन्होंने माना, "यंत्रों से काम लेना उसी अवस्था में अच्छा होता है, जबकि किसी निर्धारित काम को पूरा करने के लिए आदमी बहुत ही कम हों या नपे-तुले हों। पर यह बात हिन्दुस्तान में तो है नहीं। यहाँ काम के लिए जितने आदमी चाहिये, उनसे कहीं अधिक बेकार पड़े हुए हैं। इसलिए उद्योगों के यंत्रीकरण से यहाँ की बेकारी घटेगी या बढ़ेगी?" वैश्वीकरण के बाद का भारत इस सच्चाई को बहुत करीब से देख रहा है।

उन्होंने भारत के कृषि प्रधान देश होने की वजह से मौसमी बेरोजगारी को समझते हुए उसका भी निदान बताया। उन्होंने कहा "हर एक कृषि-प्रधान देश को ऐसे एक पूरक उद्योग की जरूरत होती है, जिससे किसान अपने अवकाश के समय का उपयोग कर सकें।"

आज हमारे देश में Micro, Small and Medium Enterprises हैं परन्तु, उनके प्रदर्शन सामान्य हैं और उन्हें वित्तीय सहायता की अत्यधिक आवश्यकता है ताकि वह ज्यादा-से-ज्यादा रोजगार सृजन कर सकें।

आज के वैश्वीकरण का दौर (merger, acquisition, competition and concentration) प्रतियोगिता का दौर है यहाँ गाँधी की आर्थिक विचारधारा दरकिनार हुई दिखती है। गाँधी के शब्दों में, "मैं अनेक कम्पनियों के संघबद्ध होकर काम करने या बड़े-बड़े यंत्रों का उपयोग करके उद्योगों का केन्द्रीकरण करने के खिलाफ हूँ।"

गाँधी के अनुसार, "स्वदेशी की भावना का अर्थ है हमारी वह भावना, जो हमें दूर को छोड़कर अपने समीपवर्ती प्रदेश का ही उपयोग और सेवा करना सिखाती है... अर्थ के क्षेत्र में मुझे अपने पड़ोसियों द्वारा बनायी गयी वस्तुओं का ही उपयोग करना चाहिये और उन उद्योगों की कमियाँ दूर करके, उन्हें ज्यादा सम्पूर्ण और सक्षम बनाकर उनकी सेवा करनी चाहिये।" क्या आज का वैश्वीकरण इस दिशा में अग्रसर है यह एक सोचनीय विषय है।

वैश्वीकरण के इस दौर में हम आर्थिक स्वतंत्रता को अधिकाधिक उपभोग, उत्पादन, मुनाफा से जोड़ने लगे हैं जो गला काट प्रतियोगिता तथा पूँजी के केन्द्रीकरण को बढ़ावा दे रही है। गाँधी जी के विचार से आर्थिक स्वतंत्रता का अर्थ है अधिकाधिक आत्म-निर्भर होना। हम जितने ही दूर से वस्तुओं का आयात करेंगे उसी अनुपात में हमारी परतंत्रता बढ़ती है। विश्वनाथ प्रसाद तिवारी जी कहते हैं कि इस प्रकार "स्वदेशी" आत्म-निर्भरता का दर्शन है, जिसके अभाव में आर्थिक स्वतंत्रता की परिकल्पना गाँधी ने नहीं की थी, परन्तु आज हम उसी दिशा में अग्रसर हो रहे हैं। इसलिए यह जरूरी है कि हम गाँधी जी के आर्थिक चिंतन को समझें और उन्हें साकार करने की दिशा में काम करें।

संदर्भ सूची

1. गाँधी, एम.के. (1999). *मेरे सपनों का भारत.* नवजीवन प्रकाशन मंदिर: अहमदाबाद।
2. गाँधी, एम.के., अमृतलाल ठाकोरदास नाणाकरी (अनु.) (2012). *हिन्द स्वराज्य.* नवजीवन प्रकाशन: अहमदाबाद।

3. तिवारी, विश्वनाथ प्रसाद (2011). *महात्मा गाँधी सहस्राबाद का महानायक.* सस्ता साहित्य मंडल प्रकाशन: नयी दिल्ली।

4. रघुराम राजु, ए. (2018). *Debating Gandhi.* ऑक्सफोर्ड यूनिवर्सिटी प्रेस,: नयी दिल्ली।

5. पटेल, एनथॉनी जे. (2007). *Gandhi's Philosophy and the Quest for Harmony.* कैम्ब्रिज यूनिवर्सिटी प्रेस: नयी दिल्ली।

परिशिष्ट

संगोष्ठी प्रतिवेदन

लक्ष्मीबाई कॉलेज एवं शिक्षा संस्कृति उत्थान न्यास के संयुक्त तत्त्वाधान में दिनांक 17 जनवरी 2020 को लक्ष्मीबाई कॉलेज में इक्कीसवीं सदी के भारत में गांधी चिंतन की प्रासंगिकता विषय पर दो दिवसीय राष्ट्रीय संगोष्ठी का पहला दिन सफलतापूर्वक संपन्न हुआ। संगोष्ठी के उद्घाटन सत्र में मुख्य वक्ता के रूप में प्रख्यात शिक्षाविद् और शिक्षा संस्कृति उत्थान न्यास के राष्ट्रीय सचिव श्री अतुल कोठारी जी का सारगर्भित व्याख्यान हुआ। श्री अतुलजी ने इस अवसर पर कहा कि गांधी समाज जीवन के हर क्षेत्र में नवाचार और प्रयोग पर बल देते हैं और उनके कथनी और करनी में सामंजस्य है। श्री अतुल कोठारी ने कहा कि भाषा, पर्यावरण और शिक्षा से संबंधित गांधी जी के विचार भारतीय चिंतन परम्परा के मौलिक विचार हैं और उनकी प्रासंगिकता शाश्वत एवं सार्वभौमिक है। सत्र में बीज वक्तव्य को प्रस्तुत करते हुए महात्मा गाँधी अन्तर्राष्ट्रीय हिन्दी विश्वविद्यालय वर्धा के पूर्व कुलपति और शिक्षाविद प्रो. गिरीश्वर मिश्र ने कहा कि गांधी को विश्वपटल पर रखने की जरूरत है जहाँ वे कई वैश्विक समस्याओं का समाधान प्रस्तुत करते हैं। अपने भाषण में प्रो. मिश्र ने कहा कि गांधी का जीवन ही उनका दर्शन है। इस अवसर पर

महात्मा गाँधी अन्तरराष्ट्रीय हिन्दी विश्वविद्यालय वर्धा के वर्तमान कुलपति और मुख्य अतिथि प्रो. रजनीश शुक्ल ने विस्तार से गांधी चिंतन पर अपने विचारों को प्रस्तुत करते हुए कई अनछुए पहलुओं को सामने रखा और कहा कि गांधी वास्तव में विचारों का स्वराज चाहते थे। सत्र की अध्यक्षता दिल्ली विश्वविद्यालय के प्रोफेसर और जाने माने साहित्यकार प्रो. कैलाश नारायण तिवारी ने गांधी चिन्तन की विशिष्टताओं के साथ-साथ उनकी कमजोरियों को भी रेखांकित किया और कहा कि गांधी को सरदार पटेल, मालवीय जी और सुभाष चंद्र बोस के साथ रखकर अध्ययन करने की जरूरत है। गांधी भी मनुष्य थे उन्हें देवत्व प्रदान कर देना गांधी की अधूरी व्याख्या होगी। उद्घाटन सत्र के सभी वक्ताओं का परिचय और स्वागत कॉलेज की प्राचार्या डॉ. प्रत्यूष वत्सला ने किया।

21वीं सदी के भारत में गांधी चिंतन की प्रासंगिकता विषय पर आयोजित संगोष्ठी के दूसरे दिन चतुर्थ सत्र का विषय था- 'गांधी का सांस्कृतिक चिंतन और भारत बोध।' सत्र की शुरुआत प्रतिभागियों द्वारा शोध-पत्रों की प्रस्तुति से हुई। डॉ. उमा ने 'गांधी और वैश्वीकरण के पश्चात् का भारत' विषय पर प्रस्तुति देते हुए कहा कि आज की मुक्त बाजार व्यवस्था आर्थिक परतन्त्रता की द्योतक है और उत्पादन की मशीनी व्यवस्था गांवों के शोषण की ओर ले जा रही है। डॉ. साधना शुक्ला ने वैश्वीकरण और गांधी जी के आर्थिक चिंतन की प्रासंगिकता पर बोलते हुए बताया कि गांधी जी का आर्थिक दर्शन का अनुसरण करते हुए मशीनों के उपयोग को जनकल्याण से जोड़ा जाए। उनका कहना था कि गांधी दर्शन शाश्वत है वह अप्रासंगिक नहीं हो सकता। श्री सुनील तोमर ने महात्मा गांधी को शिक्षाविद बताते हुए उल्लेख किया कि गांधी जी उसी शिक्षा को शिक्षा मानते थे जो बच्चे को सम्पूर्ण मानव बनाए। श्री पतित पावन हलधर ने अपनी पॉवर प्वांइट प्रस्तुति के माध्यम से बताया कि उन्होंने किस प्रकार से गांधी

जी के ग्राम स्वराज्य की अवधारणा को कार्यरूप देते हुए सीमान्त कृषि और मछली पालन को अपनी आजीविका का आधार बनाकर गांधी जी के आर्थिक दर्शन को व्यावहारिक रूप दिया है।

विशिष्ट वक्ता के रूप में बोलते हुए डॉ. राजीव रंजन गिरी ने कहा कि गांधी जी का सांस्कृतिक चिंतन भारतीय परम्परा की समझ का विस्तार है जिसमें सभी धर्मों के लोगों की भागीदारी अनिवार्य है। डॉ. हरीश अरोड़ा ने अपने अध्यक्षीय भाषण में कहा कि महात्मा गांधी को नहीं बल्कि उनके विचारों को समझने और आत्मसात करने की आवश्यकता है। स्वदेशी गांधी जी के आर्थिक दर्शन का मूल है। गांधी दर्शन को अपनाते हुए शिक्षा को भारतीय मूल्यों और भारतीय भाषाओं से जोड़ा जाना चाहिए। सत्र के अंत में विशिष्ट वक्ताओं ने श्रोताओं के प्रश्नों के जवाब भी दिए।

संगोष्ठी के पंचम सत्र का विषय था– 'पर्यावरण विमर्श और गांधी दृष्टि'। विशिष्ट वक्ता के रूप में उपस्थित श्री संजय स्वामी ने सत्र की शुरुआत करते हुए गांधी जी के जीवन से कुछ उदाहरणों का उल्लेख करते हुए बताया कि गांधी जी अपने दैनिक कार्य व्यवहार में पर्यावरण का बहुत ध्यान रखते थे। गांधी जी ने ग्रामोद्योग पर बल दिया था जो गांवों को स्वावलंबी बनाने के साथ–साथ पर्यावरण की भी रक्षा करते हैं। उन्होंने कहा कि हम सब को मांगलिक अवसरों पर वृक्षारोपण करके पर्यावरण संरक्षण में अपना योगदान देना चाहिए।

विशिष्ट वक्ता डॉ. मलखान सिंह ने कहा कि पर्यावरणीय समस्याओं का व्यावहारिक समाधान ही गांधी जी का पर्यावरणीय दृष्टिकोण है। उन्होंने इस पर्यावरणीय दृष्टिकोण को चेतना, संवेदना और प्रतिबद्धता के रूप में परिभाषित किया। गांधी जी ने इन तीनों बिंदुओं को अपने जीवन में अपनाते हुए पर्यावरण का संरक्षण करने की प्रेरणा दी। सबसे पहले हम पर्यावरण और पर्यावरण के सिद्धान्तों

के प्रति चेतना जाग्रत करें और फिर इस चेतना के माध्यम से अपने अंदर संवेदना उत्पन्न करें और तत्पश्चात् संवेदना को पर्यावरण संरक्षण के प्रति अपनी प्रतिबद्धता में बदले।

इसके पश्चात् श्री विजय रावत ने अपने शोध-पत्र में विकसित और विकासशील तथा गरीब और समृद्ध देशों के बीच पर्यावरणीय दृष्टि से हितों के टकराव के विभिन्न पहलुओं का विवेचन किया।

अंत में अपनी अध्यक्षीय टिप्पणी में प्रो. कृष्ण कुमार ने कहा कि गांधी दर्शन में ग्राम एक स्वावलंबी इकाई है जिसे टिकाऊ विकास का मॅडल बनाया जा सकता है। गांधी जी का कहना था कि उपभोक्तावाद आधारित विकास पर्यावरण के लिए अहितकर है और पर्यावरण की दृष्टि से टिकाऊ नहीं है। गांधी जी की अहिंसा की अवधारणा को पर्यावरण से जोड़ते हुए उन्होंने कहा कि जीवों की हत्या की परिणति पारिस्थितिकी असंतुलन में होती है। उन्होंने कहा कि गांधी के दर्शन को अपने जीवन में उतारकर हम पर्यावरण का संरक्षण कर सकते हैं।

संगोष्ठी के छठे सत्र का विषय था- भारत में भाषा विमर्श और गांधी। सत्र की शुरुआत में डॉ. श्रुति कांत पांडे ने कहा कि गांधी जी ने जिस तरह से अपने जीवन के माध्यम से जो आदर्श सामने रखा वह आदर्श कभी अप्रासंगिक नहीं हो सकता।

विशिष्ट वक्ता श्री वृषभ प्रसाद जैन ने एक प्रयोक्ता, अनुवादक और भाषा पर अपना दृष्टिकोण देने की दृष्टि से गांधी जी के भाषा-विमर्श का उल्लेख किया। उन्होंने दुःख व्यक्त किया कि भारतीय भाषाएं हाशिये पर चली गई हैं और अब बौद्धिक विमर्श के माध्यम के रूप में उनकी भूमिका सिमटती जा रही है।

श्री प्रेमपाल शर्मा ने इस बात पर आपत्ति व्यक्त करते हुए अपने वक्तव्य की शुरुआत की कि उनकी नाम पट्टिका और स्मृति चिह्न

में अंग्रेजी का प्रयोग किया गया है। उन्होनें कहा कि भाषा पूजने के लिए नहीं बल्कि अपने जीवन में प्रयोग करने के लिए होती है।

प्रो. कैलाश नारायण तिवारी ने अपने उद्‌बोधन में खेद व्यक्त किया कि हम अपनी भाषाओं के साथ अन्याय कर रहे हैं और उनको अपने कार्य-व्यवहार में उपयोग नहीं करते हैं।

डॉ. ए.के. दुबे ने गांधी जी के भाषा संबंधी विचारों को स्पष्ट करते हुए कहा कि गांधी जी का यह मानना था कि आमजन से जुड़ी भाषा ही स्वराज की भाषा हो सकती है और जन-जन के संघर्ष की भाषा हिन्दी इस शर्त को पूरा करती है।

प्रो. निरंजन कुमार ने अपने अध्यक्षीय भाषण में कहा कि गांधी जी मातृभाषा में शिक्षा देने के पक्षधर थे। इसी तर्ज पर दिल्ली में पटेल विद्यालय में हिन्दी को पांचवी कक्षा तक शिक्षा का माध्यम बनाया गया है और यह मॉडल सफल भी रहा है। गांधी जी का कहना था कि मनुष्य के चिंतन की भाषा भी मातृभाषा ही होती है। इसलिए देश में मातृभाषाओं के प्रचार-प्रसार पर जोर दिया जाना चाहिए और अंग्रेजी को अनिवार्य नहीं बनाना जाना चाहिए।

समापन सत्र में प्रख्यात आर्थिक चिंतक श्री बजरंग लाल गुप्ता ने गांधी जी के आर्थिक दर्शन की बारीकियों को समझाते हुए कहा कि यदि हमें विश्व में आर्थिक समृद्धि और समता का सृजन करता है तो हमें गांधी के दर्शन को अपनाना होगा।

श्री अतुल प्रभाकर ने कहा कि गांधी कोई चिंतन नहीं बल्कि जीवन है। गांधी को जीना ही गांधीजी के प्रति सच्ची श्रद्धांजलि है।

श्री रमेश कुमार ने अपने ओजस्वी उद्‌बोधन में कहा कि गांधी जी किसी मजबूरी का नहीं बल्कि मजबूती का नाम है। गांधी जी ने अपने जीवन में जो आदर्श प्रस्तुत किया उसी आदर्श की लौ को हमें अपने दिल में जलाना चाहिए।

श्री सुरेश चन्द शुक्ल, जो नार्वे से पधारे थे ने गांधी जी के दक्षिण अफ्रीका प्रवास के विभिन्न दृष्टांतों के माध्यम से गांधी दर्शन के विभिन्न पहलुओं को उजागर किया।

संगोष्ठी के अंत में श्री राजेश्वर ने दो दिवस तक चली इस संगोष्ठी के सभी सत्रों के दौरान हुए विचार-विमर्श को अपने सारगर्भित शब्दों में समटेते हुए संगोष्ठी का प्रतिवेदन प्रस्तुत किया।

प्रस्तुतकर्त्ता

नवनीत कुमार एवं

तरुण कुमार

लेखक-परिचय

प्रो. गिरीश्वर मिश्र– पूर्व कुलपति, महात्मा गाँधी अन्तर्राष्ट्रीय हिन्दी विश्वविद्यालय, वर्धा।

देवेश कुमार दुबे– शोधाथी, महात्मा गाँधी अन्तर्राष्ट्रीय हिन्दी विश्वविद्यालय, वर्धा।

डॉ. साधना शुक्ला– अतिथि प्रवक्ता, महाराजा अग्रसेन कॉलिज, दिल्ली विश्वविद्यालय।

डॉ. प्रियंका अग्रवाल– सहायक आचार्य गिन्नी देवी मोदी राजकीय महिला महाविद्यालय, मोदीनगर।

ईशशक्ति सिंह– शोधार्थी, महात्मा गाँधी अन्तर्राष्ट्रीय हिन्दी विश्वविद्यालय, वर्धा।

मधु जैन–शोधार्थी, बस्तर विश्वविद्यालय जगदलपुर।

श्री प्रकाश पाल– शोधार्थी, महात्मा गाँधी अन्तर्राष्ट्रीय हिन्दी विश्वविद्यालय, वर्धा ।

विपिन तेवतिया– शोधार्थी, डी.ए.वी. कॉलेज मुज्जफ्फर नगर उत्तर प्रदेश।

सुरेन्द्र कुमार– शोधार्थी, एम.एम. कॉलिज, गाजियाबाद, मेरठ विश्वविद्यालय।

मोहित कुमार– शोधार्थी, सी.सी.एस. विश्वविद्यालय, मेरठ।

विशाल चौधरी– मेरठ।

संगीता केशरी– शोधार्थी, दिल्ली विश्वविद्यालय।

ज्योति– शोधार्थी, दिल्ली विश्वविद्यालय।

उमा– सहायक आचार्य, लक्ष्मीबाई महाविद्यालय, दिल्ली विश्वविद्यालय।